IS)

Sacré-Cœur

La Villette

MONTMARTRE

Gare du Nord

Gare de l'Est

Parc des Buttes-Chaumont

Canal St-Martin

Place de la République

usée du ouvre

Forum des Halles

Centre Georges Pompidou

Notre-Dame

QUARTIER DU MARAIS

Ile de la Cité

Cimetière du Père-Lachaise

in-des-Prés

Bd. Henri IV

Ile St-Louis

Bd. St-Germain

Sorbonne

Opéra Bastille

Place de la Nation

Bd. Diderot

Institut du Monde Arabe

ourg

Gare de Lyon

Panthéon

Jardin des Plantes

Ministère des Finances

QUARTIER LATIN

. du Montparnasse

Gare d'Austerlitz

Palais Omnisport de Paris-Bercy

SE

Place d'Italie

Bois de Vincennes

Bibliothèque Nationale

Parc Montsouris

Seine

rsitaire

Ça marche ?

– nouvelle édition –

Mirei Seki

Kazuko Ogura

Fumiya Ishikawa

Anthony do Nascimento

SURUGADAI-SHUPPANSHA

音声について

本書の音声は，下記サイトより無料でダウンロード，
およびストリーミングでお聴きいただけます.

https://stream.e-surugadai.com/books/isbn978-4-411-01142-8/
弊社 HP から『サ・マルシュ？（改訂版）』を検索し，「音声無料ダウンロード & ストリーミング専用サイトはこちら」からも同ページにアクセスできます.

＊ご注意
- PC からでも，iPhone や Android のスマートフォンからでも音声を再生いただけます.
- 音声は何度でもダウンロード・再生いただくことができます.
- 当音声ファイルのデータにかかる著作権・その他の権利は駿河台出版社に帰属します. 無断での複製・公衆送信・転載は禁止されています.

録音: Léna Giunta, Nicolas Dassonville
イラスト: 前　英里子
本文写真: 小倉和子, Sumiyo Ida
表紙写真: Sumiyo Ida
装幀・デザイン: dice

はじめに

『Ça marche ?―サ・マルシュ ?』は中級教科書『La France, maintenant !―フランスの今』の姉妹編として作られた初級フランス語の教科書です．まさに今，新しい言葉を学ぶために一歩を踏み出そうとしている皆さんが，今日胸に抱く希望に満ちた気持ちを最後まで失うことなく学習を継続させるために，少しでも楽しく，効率良く，しかししっかりと基礎固めができるように構成されています．

フランス語の初級学習者が最初につまずくと言われる発音の説明に割かれた 0 課から，総仕上げと言われる接続法を学習する 14 課まで，全 15 課から成る本書では，初級文法を網羅的に学べるだけでなく，モデル会話やヒアリング問題を通してコミュニケーション能力も培うことができるよう，「聞く・話す」という実践面にも配慮した内容となっています．各課には等身大のフランスを紹介するコラム Civilisation も掲載されています．フランス本国はここ日本から 1 万キロ近くも離れたところに位置する地理的にも文化的にも遠い国で，言葉はもちろん，文化も，食生活も，考え方も，価値観もすべて違います．しかしフランス語の学習を通して，視野が広がっていくことを実感されることでしょう．

7 課と 14 課の後には実力試しをする復習問題も用意されています．語学学習には，残念ながら近道はありません．予習も欠かせませんが，復習も大切です．Bilan（まとめ）として設けた復習の課題に取り組みながら，ぜひそれまでの学習事項が定着しているか，点検してください．文法解説を読みながら練習問題で実力を培い，会話する喜び，聞き取れるようになる喜びを体感した皆さんは，本書での学習を終えた後には無理なく中級レベルに達しているはずです．

最後になりましたが，本書は姉妹教科書『La France, maintenant !』刊行直後から多くの方々に支えられ，たくさんのご意見を頂き，誕生した教科書です．この場を借りて本書に携わられた多くの方々に感謝申し上げます．

著者一同

目　次

FRANCOPHONIE

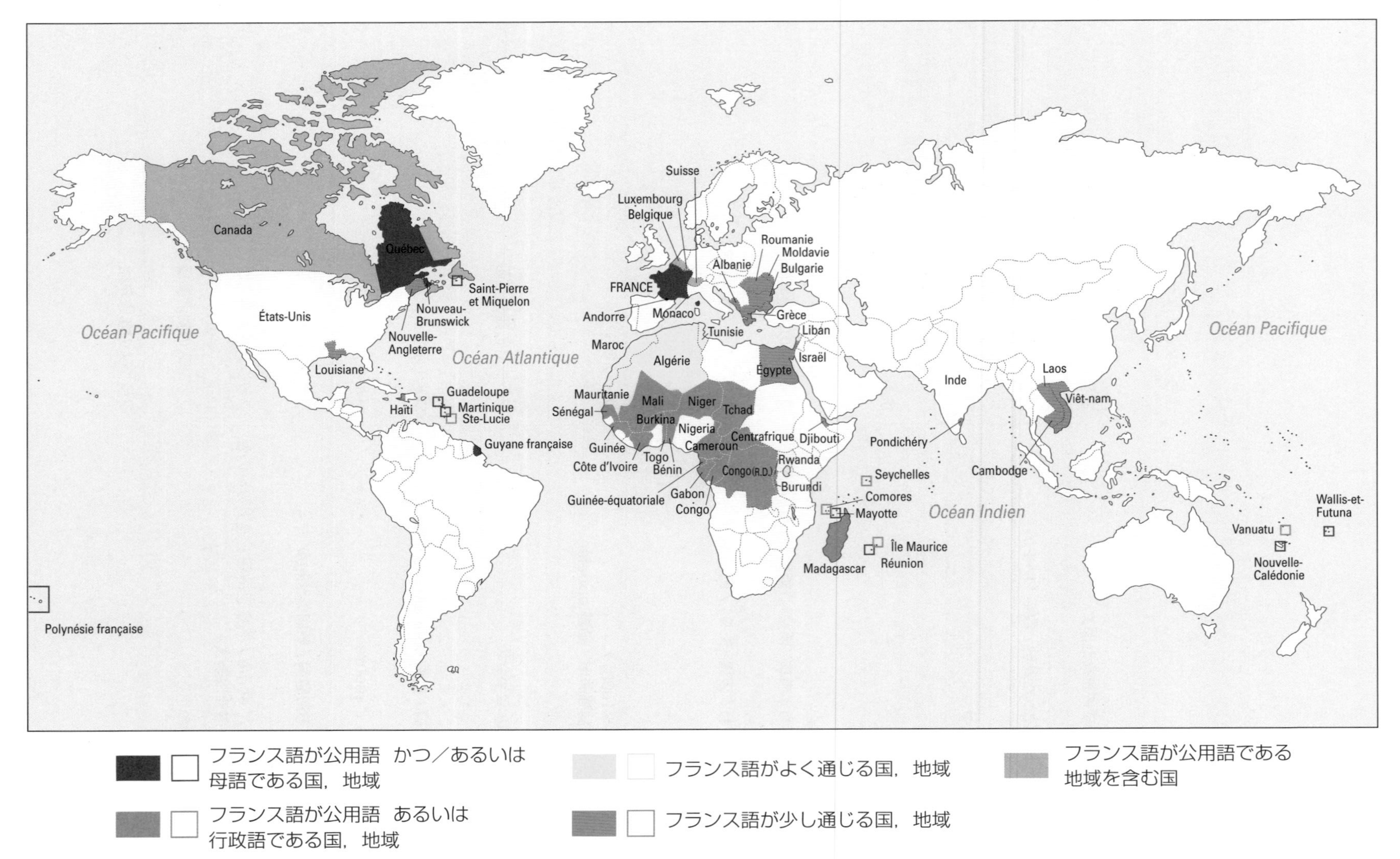

▲モネの庭（ジヴェルニー）

▲真壁造りの家々（ルーアン）

▲ボーヌの施療院（ブルゴーニュ地方）

フランスのさまざまな地域

▲ルーヴル美術館（パリ）

▲パリ・プラージュ（セーヌ河岸に設けられた人工ビーチ）

▲アンジェ城の中庭（アンジェ）

▼ナポレオンの皇后ジョゼフィーヌの生家（マルティニク島）

▼ケベック（カナダ）

▼モンレアルの街並み（カナダ）

フランス語圏の国や地域

▲かつての奴隷貿易の拠点ゴレ島（セネガル）

▲インド洋の浜辺（モーリシャス）

Leçon 0 挨拶する

Alphabet／つづり字記号／発音

［フランス語ってどんな言語？］

① **フランス語は**，現在フランス本土だけでなく，グアドループやマルティニクなどの海外県，ベルギーやスイス，カナダのケベック州などで公用語として話されています．また，アフリカ大陸の一部の国々でも公用語，あるいは共通語として話されています（p. 6の地図参照）．

② **フランス語は**，おもに紀元前50年頃に現在のフランスの地を侵略したローマ人の言葉（ラテン語）が俗化した「俗ラテン語」がもとになった言語です．ローマ人の侵略前にフランスの地にいたガリア（ケルト）人の言葉（ガリア語）や，西暦5世紀頃にフランク王国を築いたゲルマン人の言葉（ゲルマン語派）の影響も受けています．

③ **フランス語は**，子音＋母音＝1音となるのを好む傾向があります．そのため，次のような3つの決まり事があります．フランス語はよく流れるような響きを持つといわれていますが，音が以下のように結びつくからです．

- **アンシェヌマン**（enchaînement）　語末の子音の直後に，母音または無音のhで始まる単語が続くとき，これらが発音上一体化される現象です．（il est［~~イル_エ~~］→［イレ］: 彼は〜です，une amie［~~ユヌ_アミ~~］→［ユナミ］:（女の）友達，cet homme［~~セットゥ_オム~~］→［セトム］: この男性）

- **リエゾン**（liaison）　本来それ自体では発音されない語末の子音字（群）が，直後の単語の冒頭にある母音または無音のhと発音上，一体化される現象です．語末の子音字sは濁音化します．また，語末の子音字dは[t]と発音します．（vingt heures［~~ヴァン_ウール~~］→［ヴァントゥール］: 20時，les églises［~~レ_エグリーズ~~］→［レゼグリーズ］: 教会，ils ont［~~イル_オン~~］→［イルゾン］: 彼らは持っている，grand arbre［~~グラン_アルブル~~］→［グランタルブル］: 大きな木）冠詞＋名詞や副詞＋形容詞などの場合には，必ずリエゾンをしなければなりません．主語の名詞（代名詞以外）＋動詞やetの後などは，リエゾンをしてはいけません．être動詞の後は，リエゾンをしてもしなくても大丈夫です．

- **エリズィヨン**（élision）　ce / de / je / la / le / me / ne / que / se / si / te などの直後に，母音または無音のhで始まる単語が続くとき，語末の母音字が省略されてアポストロフ（'）で次の単語と結びつく現象です．（~~le opéra~~［~~ル_オペラ~~］→ l'opéra［ロペラ］: オペラ，~~la héroïne~~［~~ラ_エロイン~~］→ l'héroïne［レロイン］: ヒロイン，~~si il~~［~~スィ_イル~~］→ s'il［スィル］: もし（彼が）〜ならば）

002 ［Alphabet］

A a [ɑ]	B b [be]	C c [se]	D d [de]
E e [ə]	F f [ɛf]	G g [ʒe]	H h [aʃ]
I i [i]	J j [ʒi]	K k [kɑ]	L l [ɛl]
M m [ɛm]	N n [ɛn]	O o [o]	P p [pe]
Q q [ky]	R r [ɛr]	S s [ɛs]	T t [te]
U u [y]	V v [ve]	W w [dubləve]	X x [iks]
Y y [igrɛk]	Z z [zɛd]		

＊現代フランス語では，つづり字の h は発音されません．単語の冒頭にある場合は文字としても存在しないとみなす「無音の h」と，子音字として扱う「有音の h」に区別されています．例えば hôpital 病院 は無音の h で，héros 英雄 は有音の h です．多くは無音の h ですが，有音の h の場合は辞書等で区別するために単語の冒頭に † がついていたり，発音記号の冒頭に [’] がついていたりします．

003 **［まずは発音してみましょう］**

Léa : Bonjour. Je m’appelle Léa.
Paul : Moi, c’est Paul. Enchanté.
Léa : Enchantée.

ポイント：「初めまして」は，男性が用いるときには Enchanté. となり，女性が用いるときは，発音は同じですが Enchantée. となります．Moi は［モワ］と発音し，「私は」という意味です．m’ や c’ はエリズィヨンです．

Mika : Salut, Clément. Ça va ?
Clément : Oui, ça va. Merci. Et toi ?
Mika : Ça va bien.

ポイント：c と ç の音に注意しながら，発音しましょう．詳しくは，次のページで学習します．

Madame Dubois : Bonjour, Takashi.
Takashi : Bonjour, madame Dubois. Vous allez bien ?
Madame Dubois : Je vais très bien, merci.

ポイント：Vous‿allez bien ?「お元気ですか？」は，vous と allez をリエゾンさせ，続けて発音するので，［ヴザレ］となります．

挨拶などの表現

004 **Je m’appelle ～.** 私の名前は～です．
C’est ～. こちらは～です．
moi 私のほうは
Bonjour. おはよう．こんにちは．
Bonsoir. こんばんは．
Salut. やあ．
Enchanté(e). 初めまして．
Ça va. 元気です．
Et toi ? きみのほうは？
Vous allez bien ? お元気ですか？
Je vais très bien. とても元気です．
Merci. ありがとう．

［つづり字記号］

フランス語には文字の上下等につく記号があります．発音上大切な役割を担っているものもあり，それらはつづりの一部となっているため，見逃さないように注意しましょう．

- **アクサン・テギュ** (accent aigu) 「´」
  eの上につくと，鋭く短く [e]（エ）と発音します (cin***é***ma 映画)．
- **アクサン・グラーヴ** (accent grave) 「`」
  eの上につくと，広めに口を開いて長めに [ɛ]（エー）と発音します (m***è***re 母)．また a や u の上につけて，ほかの単語と区別します (ou あるいは / o***ù*** どこ) (il a (＜avoir) ～. 彼は～を持っています / ***à***～ ～で)．
- **アクサン・スィルコンフレクス** (accent circonflexe) 「^」
  直後に s があったことを表すほか，同音異義語と区別するために用いられます (~~hospital~~ → h***ô***pital 病院)．eの上につくと，原則的にアクサン・グラーヴと同じ発音になります (t***ê***te 頭)．
- **トレマ** (tréma) 「¨」
  フランス語では母音字が続いた場合は，発音しづらいために1母音にまとめて発音することがよくあります．しかしトレマがついた場合は，各母音字を分けて発音します (No***ë***l クリスマス)．
- **セディーユ** (cédille) 「¸」
  c は，通常 ce と ci はサ行で，ca と co と cu はカ行で発音します．しかし ça，ço，çu のように c の下にセディーユがつくとサ行の音になります (gar***ç***on 少年)．
- **アポストロフ** (apostrophe) 「'」
  エリズィヨンする時に使われます (d'accord 了解 / l'habitude 習慣)．
- **トレ・デュニオン** (trait d'union) 「-」
  合成語や倒置疑問文などで用いられます (grands-parents 祖父母) (Sont-ils japonais ? 彼らは日本人ですか？)．
- **合字** (ligature) 「œ」
  o と e を合わせて1文字として記されます (s***œ***ur 妹)．大文字は ***Œ*** です．

［口腔母音の発音］

舌の位置		前舌　　　　　　後舌
口の開き	狭い ⇕ 広い	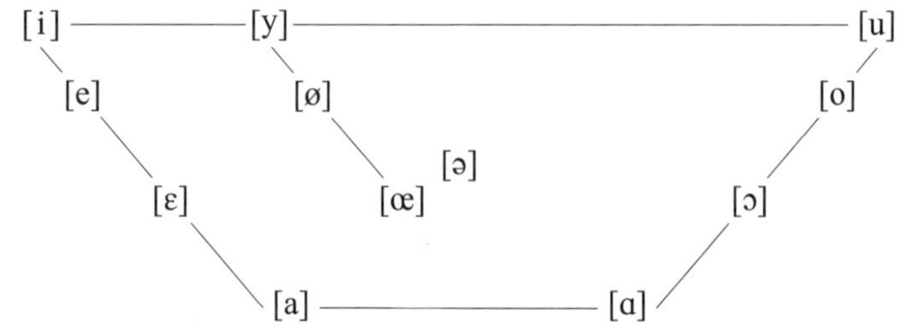[i] [y] [u] [e] [ø] [o] [ə] [ɛ] [œ] [ɔ] [a] [ɑ]

005 **［複合母音字の発音］**

フランス語では，母音が続くと発音しづらいと考えられています．母音が重なる場合は，1つの音にまとめられることがあります．

ai / ei [ɛ]	m*ai*son 家 / tr*ei*ze 13
au / eau [o]	*au*jourd'hui 今日 / bur*eau* オフィス
eu / œu [ø, œ]	j*eu*di 木曜日 / c*œu*r 心・心臓
ou / où [u]	c*ou*rs 授業 / *où* どこ
oi [wa]	m*oi*s 月

006 **［鼻母音の発音］**

母音の後に m または n がつくと，鼻母音になります．

am / an / em / en [ɑ̃]	c*am*pagne 田舎 / dim*an*che 日曜日 / nov*em*bre 11月 / *en*semble 一緒に
im / in / ym / yn	*im*possible 不可能な / f*in* ラスト / s*ym*bole シンボル /
aim / ain / eim / ein [ɛ̃]	s*yn*dicat 組合 / f*aim* 空腹 / p*ain* パン / R*eim*s ランス（フランス北東部の都市）/ p*ein*ture 絵画
om / on [ɔ̃]	*om*bre 影 / *on*cle おじ
um / un [œ̃]	parf*um* 香水 / l*un*di 月曜日

007 **［注意すべき子音字の発音］**

以下のつづりはフランス語特有の読み方をしますので，気をつけましょう．

ca / co / cu [k]	*ca*fé コーヒー / é*co*le 学校 / *cu*lture 文化
ce / ci / cy [s]	*ce*nt 100 / *ci*néma 映画 / *cy*cle サイクル
ga / go / gu [g]	*ga*rçon 少年 / fri*go* 冷蔵庫 / fi*gu*re 姿
ge / gi / gy [ʒ]	*ge*ns 人々 / éner*gi*e エネルギー / É*gy*pte エジプト
無音の **h**	（発音しません．単語の冒頭にある場合は文字としても存在しないとみなすのでリエゾンやエリズィヨンをします．） l'*h*omme 男の人
有音の **h**	（発音しません．リエゾンもエリズィヨンもしません．） le *h*éros 英雄
ill [ij] / [il]	fam*ill*e 家族 / cu*ill*ère スプーン // m*ill*e 1000 / v*ill*e 都市
ch [ʃ]	*ch*ocolat チョコレート
gn [ɲ]	monta*gn*e 山
ph [f]	télé*ph*one 電話
母音字＋**s**＋母音字 [z]	poi*s*on 毒
ss [s]	poi*ss*on 魚

＊語末の子音字は発音されないことが多いですが，c / f / l / r は発音されることもあります．

par*c* 公園 / neu*f* 9 / avri*l* 4月 / che*r* 高い

Leçon 1 職業

名詞／冠詞／主語人称代名詞と動詞 être の直説法現在

［名詞］ 008

男性名詞と女性名詞があります．複数形は通常，語尾に s をつけます．

	男性	女性
単数	étudiant	étudiante
複数	étudiants	étudiantes

	男性	女性
単数	stylo	revue
複数	stylos	revues

［不定冠詞］ 009

数量が 1 つないし複数あることを示す場合や，話し相手が何を指しているか推測できない名詞の前につきます．

	男性	女性
単数	un	une
複数	des	

un étudiant / *une* étudiante 学生
un stylo → *des* stylos ペン
une revue → *des* revues 雑誌

［定冠詞］ 010

世界に 1 つしかないものや概念を総体的にとらえる場合，または話し相手が何を指しているか推測できる名詞の前につきます．単数形の le と la の後ろに，母音または無音の h で始まる単語がきた場合はエリズィヨンします．

	男性	女性
単数	le [l']	la [l']
複数	les	

le soleil 太陽　*l'*homme 人間 / 男性
la lune 月　*l'*école 学校
les jardins 庭　*les* montres 腕時計

［部分冠詞］ 011

数量を 1 つ 2 つと数えられない物質名詞や抽象名詞の前につき，全体量のうち部分的であることを示します．母音または無音の h で始まる単語の前では，de l' となります．

男性	女性
du [de l']	de la [de l']

du bonheur 幸福　*de la* patience 忍耐
*de l'*air 空気　*de l'*eau 水

［主語人称代名詞と動詞 être］ 012

je	*suis*	私は～です	nous	*sommes*	私たちは～です
tu	*es*	きみは～です	vous	*êtes*	あなた（がた）/ きみたちは～です
il	*est*	彼（それ）は～です	ils	*sont*	彼ら（それら）は～です
elle	*est*	彼女（それ）は～です	elles	*sont*	彼女たち（それら）は～です
c'*est*		それ（そちら）は～です	ce	*sont*	それら（そちら）は～です

Elle *est* avocate. 彼女は弁護士です．　Ils *sont* professeurs. 彼らは教師です．
C'*est* une montre. それは腕時計です．　Ce *sont* des étudiants. （そちらは）学生たちです．

Exercices

1 日本語に合うように，（　）内に適切な不定冠詞を記入しなさい.

① (　　　　　　　) ami （1 人の）友だち（男性）
② (　　　　　　　) chaises （何脚かの）椅子
③ (　　　　　　　) cahiers （何冊かの）ノート
④ (　　　　　　　) montre （1 個の）腕時計

2 日本語に合うように，（　）内に適切な定冠詞を記入しなさい.

① (　　　　　　　) gares （複数の）駅
② (　　　　　　　) jardin 庭
③ (　　　　　　　) hôtels （複数の）ホテル
④ (　　　　　　　) école 学校

3 日本語に合うように，（　）内に適切な部分冠詞を記入しなさい.

① (　　　　　　　) bonheur 幸福
② (　　　　　　　) fièvre 熱
③ (　　　　　　　) eau 水
④ (　　　　　　　) patience 忍耐

4 日本語に合うように，動詞 être を適切な形にして（　）内に記入しなさい.

① Je (　　　　　　　) une amie de Sylvie. 私はシルヴィーの友人です.
② Nous (　　　　　　　) professeurs. 私たちは教師です.
③ Elle (　　　　　　　) étudiante. 彼女は学生です.
④ Il (　　　　　　　) écrivain. 彼は作家です.
⑤ C'(　　　　　　　) un ami. （こちらは）友だちです.
⑥ Ce (　　　　　　　) des revues. （それらは）雑誌です.

職業名

013

employé / employée 会社員	avocat / avovate 弁護士
lycéen / lycéenne 高校生	musicien / musicienne 音楽家
infirmier / infirmière 看護師	chanteur / chanteuse 歌手
professeur / professeur(e) 教師	médecin / médecin 医者
fonctionnaire / fonctionnaire 公務員	pianiste / pianiste ピアニスト
journaliste / journaliste ジャーナリスト	athlète / athlète アスリート

Conversation modèle

014

Irène : Bonjour, je m'appelle Irène.
Masaki : Bonjour, moi, je m'appelle Masaki.
Irène : Enchantée, Masaki.
Masaki : Enchanté, Irène.
Irène : Je suis lycéenne.
Masaki : Moi, je suis étudiant.

上の文章を参考にしながら，下の語彙も使って空欄を埋め，会話を練習しなさい．

A : Bonjour, je suis ＿＿＿＿.
B : Bonjour, moi, je m'appelle ＿＿＿＿.
A : Enchanté(e), ＿＿＿＿.
B : Enchanté(e), ＿＿＿＿.
A : Je suis ＿＿＿＿ *1.
B : Moi, je suis ＿＿＿＿ *1.

Vocabulaire

*1 employé(e) 会社員
musicien(ne) 音楽家
étudiant(e) 学生
fonctionnaire 公務員
chanteur(-se) 歌手
lycéen(ne) 高校生
médecin 医者
pianiste ピアニスト

発音のポイント

une école や une orange など，母音または無音の h で始まる単語はアンシェヌマンと言って，不定冠詞の une とつながって発音され，[ユネコル]，[ユノランジュ] となります．また il と ils は単独では発音が同じなので，注意しましょう．

015 **1** 音声を聞いて，発音された言葉をAとBから選び□に✔を入れなさい.

① A □
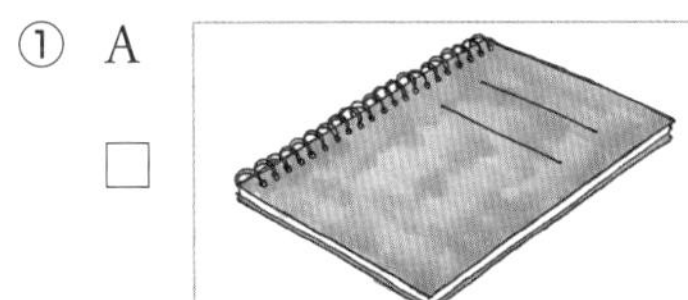
B □
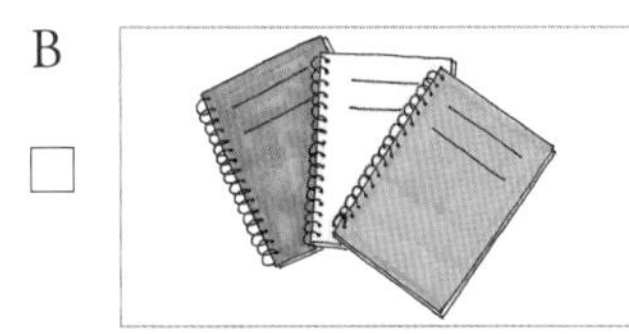

② A □

B □
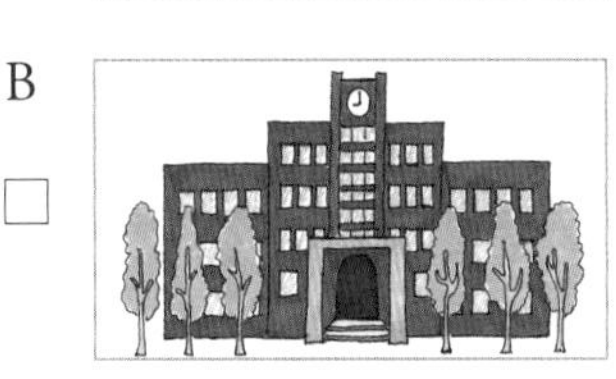

③ A □

B □

016 **2** 音声を聞いて，発音された文にふさわしい絵をAとBから選び□に✔を入れなさい.

① A □

B □

② A □

B □

Civilisation：フランスの大学生

フランスあるいはフランス語圏に留学したいと思っている人も多いかもしれません．フランスの大学生はいったいどのような生活を送っているのでしょうか．まず，日本のように大学入学試験はありません．これに代わるものとして，高校修了時に行われるバカロレアと呼ばれる試験があります．全国一斉に実施されるこの統一試験にたいしては，毎年国中の関心が寄せられ，高校生にとって精神的にも大きな負担が強いられます．しかしバカロレアに合格すれば，原則としてどの大学へも進学することができます．大学での成績評価は大変厳しく，2年生に進級できるのはおよそ半数と言われています．そのため授業の予習と復習は欠かせません．学期中にアルバイトをしている人はごくわずかで，平日はみな勉強に集中しています．サークル活動などもありません．週末は一週間の骨休めとして，友達とお茶をしながら議論したり，映画を見たり，互いの家に集まって持ち寄りのパーティーをしたり，家でゆっくりするなど，十分にリフレッシュして月曜日に臨むのです．授業料の大半が税金から賄われているので，学費は基本的に無料で，登録料として年間数万円程度かかるだけです．そのため学生は勉学に勤しむものという考えが浸透しています．いっぽうで夏休みや冬休みなどの長期休暇のあいだは，住み込みのアルバイトなどをしています．

自己紹介する

第１群規則動詞の直説法現在／否定文／疑問文

［第１群規則動詞］ 017

動詞の原形を活用させて文を作ります．活用で変化しない部分を語幹といい，変化する部分を語尾といいます．

travaill*er* 働く			
je	travaill*e*	nous	travaill*ons*
tu	travaill*es*	vous	travaill*ez*
il	travaill*e*	ils	travaill*ent*
elle	travaill*e*	elles	travaill*ent*

habit*er* 住む			
j'habit*e*		nous	habit*ons*
tu	habit*es*	vous	habit*ez*
il	habit*e*	ils	habit*ent*
elle	habit*e*	elles	habit*ent*

Tu ***travailles*** beaucoup aujourd'hui.
きみは今日，たくさん働いているね．

J'***habite*** à Osaka.
私は大阪に住んでいます．

つづりが異なっていても，活用語尾の発音が同じものがあります．je travaille, tu travailles, il[elle] travaille, ils[elles] travaillent の活用語尾の発音はすべて同じです．

おもな第１群規則動詞には次のような動詞があります．
aimer ～　～を愛している
arriver　到着する
chercher ～　～を探す
écouter ～　～を聞く
parler　話す
penser　考える
préparer ～　～を準備する
regarder ～　～を見る
téléphoner　電話する
voyager　旅行する

［否定文］ 018

否定文は動詞を ne と pas で挟みます．

＊動詞が母音または無音の h で始まるときは n' と pas で挟みます．

Ils ***ne*** travaillent ***pas*** ensemble.
彼らは一緒に働いていません．

Il ***n'***est ***pas*** français.
彼はフランス人ではありません．

＊「フランス人」というときは通常，大文字の F が用いられ Français となりますが，この文のように無冠詞で用いられる場合，小文字の f で記されます．

［疑問文］ 019

3 パターンあります．

① 文末に？をつけ，発音するときは文末を上げる．
Elle travaille aujourd'hui ? 彼女は今日働きますか？

② 文頭に Est-ce que をつける．

＊主語が母音または無音の h で始まるときは Est-ce qu' となります．

Est-ce qu'elle travaille aujourd'hui ?

③ 主語と動詞を倒置し，「-」（トレ・デュニオン）でつなぐ．

＊倒置したときに母音字がつながる場合は「-t-」でつなぎます．

Est-il français ?
Travaille-t-elle aujourd'hui ?

＊① が最もくだけた尋ね方で，③ が最も丁寧な尋ね方になります．書き言葉では一般的に ③ を使います．

肯定の疑問文に対して肯定で答える場合は oui を，否定で答える場合は non を用います．
Oui, elle travaille aujourd'hui. / ***Non***, elle ne travaille pas aujourd'hui.

Exercices

1 日本語に合うように，(　) 内の不定詞を適切に活用させなさい.

① Je (chercher) un stylo. 私はペンを探しています.

② Taro (écouter) la radio. 太郎はラジオを聞いています.

③ Elle (penser) à Didier. 彼女はディディエのことを考えています.

④ Nous (travailler) ensemble. 私たちは一緒に働きます.

⑤ Vous (parler) français ? あなたはフランス語を話しますか？

⑥ Ils (arriver) à Tokyo demain. 彼らは明日東京に着きます.

2 次の文を否定文にしなさい.

① Hanako voyage beaucoup. 花子はたくさん旅行をします.

→

② Il est américain. 彼はアメリカ人です.

→

3 次の文が答えとなるように，3 通りの疑問文にしなさい.

① Oui, je suis française. はい，私はフランス人です.

→ ?

→ ?

→ ?

② Oui, il prépare le dîner. はい，彼は夕食の準備をしています.

→ ?

→ ?

→ ?

国籍

020

Japonais / Japonaise 日本人	Français / Française フランス人
Anglais / Anglaise イギリス人	Chinois / Chinoise 中国人
Allemand / Allemande ドイツ人	Espagnol / Espagnole スペイン人
Américain / Américaine アメリカ人	Italien / Italienne イタリア人
Coréen / Coréenne 韓国人	Algérien / Algérienne アルジェリア人

Conversation modèle

021

Mika : Bonjour, je m'appelle Mika.
Paul : Moi, je m'appelle Paul. Tu es chinoise ?
Mika : Non, je ne suis pas chinoise. Je suis japonaise. Et toi ?
Paul : Je suis français. Je suis étudiant.
Mika : Moi, je travaille à*1 la mairie*2. Je suis fonctionnaire.

*1 à ～ ～で　*2 mairie 女 市役所

上の文章を参考にしながら，下の語彙も使って，会話練習をしなさい．

A : Bonjour, je m'appelle [　　　　].
B : Moi, je m'appelle [　　　　]. Tu es [　　　　]*1 ?
A : Non, je ne suis pas [　　　　]*1. Je suis [　　　　]*1. Et toi ?
B : Je suis [　　　　]*1. Je suis [　　　　]*2.
A : Moi, je travaille [　　　　]*3 Je suis [　　　　]*2.

Vocabulaire

*1 japonais(e) 日本人　français(e) フランス人　allemand(e) ドイツ人
italien(ne) イタリア人　espagnol(e) スペイン人　anglais(e) イギリス人
américain(e) アメリカ人　coréen(ne) 韓国人　algérien(ne) アルジェリア人

*2 employé(e) 会社員　médecin 医者　infirmi*er*(ère) 看護師
journaliste ジャーナリスト　professeur(e) 教師

*3 dans une compagnie d'assurance 保険会社で
dans une société commerciale 商社で　dans un hôpital 病院で
dans une clinique 診療所で　dans un journal 新聞社で
dans une maison d'édition 出版社で　chez moi 自宅で
dans une université 大学で　dans un lycée 高校で

さまざまな疑問文

すでに疑問文の3つのパターンを学習しましたが，以下のような疑問文もあります．

◆倒置疑問文が否定になった場合は，主語と動詞を倒置したものの前後に ne と pas をつけます．否定疑問文に対する返答は，疑問文の内容を認める場合は non を，疑問文の内容を否定する場合は si を用いて答えます．

N'est-il *pas* français ? — *Non*, il n'est pas français. / *Si*, il est français.

◆人称代名詞以外の主語が用いられた倒置疑問文では，主語の後に，それを受ける人称代名詞を新たに立て，人称代名詞と動詞を倒置させます．

Anne est-*elle* française ?

Écoute

022 **1** 音声を聞いて，発音された文にふさわしい絵をＡとＢから選び□に✔を入れなさい．

① A □

B □

② A □

B □

023 **2** 音声を聞いて，発音された疑問文にふさわしい絵をＡとＢから選び□に✔を入れなさい．

① A □

B □

② A □

B □

Civilisation：主語の使い分け

英語で「あなた」や「きみ」というときは「you」という１つの単語で，言い表すことができました．フランス語は，「tu」と「vous」を使い分ける必要があるので，最初は戸惑ってしまいますね．

「tu」は親しい間柄の人に対して用いられるので，家族や友人に対しては「tu」が使われます．一方「vous」は，基本的には目上の人や，初対面の人，あまり親しくない人に対して用います．

さらに「vous」には複数の「きみたち」「あなたがた」という意味もあります．Vous êtes japonaise ? は「あなた（女性）は日本人ですか？」という意味ですが，Vous êtes japonaises ? は「あなたがた（全員女性）は日本人ですか？」という意味になり，訳し分ける必要があります．しかし Vous êtes japonais ? のように，もともと s で終わる単語 japonais の場合は，「あなた（男性）は日本人ですか？」という意味かもしれませんし，「あなたがた（少なくとも一人は男性）は日本人ですか？」という可能性もあります．その場合は，文脈から判断するしかありません．また Il [Elle] travaille. と Ils [Elles] travaillent. は発音が同じなので，注意が必要です．

Leçon 3 説明する

動詞 avoir の直説法現在／形容詞

【動詞 avoir】 024

avoir ～を持つ	
j'*ai*	nous *avons*
tu *as*	vous *avez*
il *a*	ils *ont*
elle *a*	elles *ont*

J'*ai* un frère et une sœur. 兄と姉が 1 人ずついます.

Elles *ont* de la chance. 彼女たちは運がいいです.

Nous *avons* deux enfants. 私たちは子どもが 2 人います.

Il y *a* des livres sur la table. テーブルの上に本が数冊あります.

> 主語＋avoir などの他動詞＋直接目的語 の文を否定にするときは，直接目的語に先行する不定冠詞あるいは部分冠詞は de に置き換えます.
> J'ai des frères. → Je n'ai pas ***de*** frère(s).
> Elle a de la chance. → Elle n'a pas ***de*** chance.

【形容詞】 025

多くの場合，語尾に e をつけて女性形を，s をつけて複数形を作りますが，もともと e や s で終わる形容詞には改めて e や s をつける必要はありません．形容詞は，一般的に名詞の後ろに置かれます.

	男性	女性
単数	grand	grand*e*
複数	grand*s*	grand*es*

① 主語の属詞となる場合：*Elles* sont grand*es*. 彼女たちは背が高いです.

C'est super ! （それは）素晴らしい！

C'est magnifique ! （それは）きれいですね！

② 名詞を修飾する場合：C'est une *voiture* bleu*e*. それは青い車です.

> 次の形容詞は，例外的に名詞の前に置かれます．また名詞の前に形容詞が置かれた場合に限って，不定冠詞複数形の des は de となります.
> bon 良い / mauvais 悪い / petit 小さい・背が低い / grand 大きい・背が高い / jeune 若い / vieux 年を取った・古い / nouveau 新しい / beau 美しい
> ＊特殊な変化をする形容詞については p. 60 を参照のこと.

C'est un *petit* restaurant. それは小さいレストランです.

C'est une *grande* table. それは大きなテーブルです.

Ce sont **de** *jeunes* artistes *japonais*. 日本人の若いアーティストたちです.

Exercices

1 日本語に合うように，動詞 avoir を適切な形にして（　）内に記入しなさい．

① ご兄弟姉妹はいらっしゃいますか？ — いいえ，いません．
(　　　　　　)-vous des frères et sœurs ?
— Non, je n'(　　　　　　) pas de frères et sœurs.

② のどが渇いている？— うん，とても渇いているんだ．
Tu (　　　　　　) soif ? — Oui, j'(　　　　　　) très soif.

③ 私たちは大きな犬を飼っています．
Nous (　　　　　　) un grand chien.

④ 彼らはお腹がすいています．
Ils (　　　　　　) faim.

⑤ 彼女はお金を持っていません．
Elle n'(　　　　　　) pas d'argent.

⑥ この近くにレストランが数軒ありますよ．
Il y (　　　　　　) des restaurants près d'ici.

avoir を使った表現

026

Nous avons faim. 私たちはお腹が空いています．
Ils ont chaud. 彼らは暑がっています．
J'ai peur. 怖いです．
Tu as soif ? のどが渇いている？
Vous avez froid ? 寒いですか？
Il a dix-neuf ans. 彼は 19 歳です．

2 （　）内の形容詞を適切な形にしなさい．

① C'est un livre (intéressant). それは面白い本です．

② Elle est (intelligent). 彼女は頭がいいです．

③ Ils sont (grand). 彼らは背が高いです．

④ Ce sont de (bon) restaurants. それらは良いレストランです．

⑤ Ce sont des voitures (américain). それらはアメリカ製の車です．

3 次の文を否定文にしなさい．

① J'ai un frère. 私は兄が 1 人います．
→ ＿＿＿＿＿＿＿＿＿＿.

② Tu as de la fièvre. きみは熱がありますね．
→ ＿＿＿＿＿＿＿＿＿＿.

数字（1～20）

027

1 un(e)	2 deux	3 trois	4 quatre	5 cinq	6 six	7 sept
8 huit	9 neuf	10 dix	11 onze	12 douze	13 treize	14 quatorze
15 quinze	16 seize	17 dix-sept	18 dix-huit	19 dix-neuf	20 vingt	

Conversation modèle

028

Koichi : Émilie, tu aimes*1 la musique classique ?

Émilie : Oui, bien sûr*2. J'aime tous les genres*3 de musique.

Koichi : J'ai deux billets*4 pour l'opéra. Ça t'intéresse ?*5

Émilie : C'est super. J'adore*6 l'opéra.

*1 aimes＜aimer ～が好き　*2 bien sûr もちろん　*3 tous les genres あらゆるジャンル　*4 billet 男 チケット
*5 Ça t'intéresse ? きみは興味がある？　*6 adore＜adorer ～が大好き

上の文章を参考にしながら，下の語彙も使って会話練習をしなさい．

A : ＿＿＿＿, tu aimes ＿＿＿＿*1 ?

B : Oui, bien sûr. J'aime tous les genres de ＿＿＿＿*2.

A : J'ai deux billets ＿＿＿＿*3. Ça t'intéresse ?

B : C'est super. J'adore ＿＿＿＿*1.

Vocabulaire

*1 la musique hip-hop ヒップホップ音楽
la peinture italienne イタリア絵画
la peinture japonaise 日本絵画
la bossa nova ボサノヴァ
la peinture française フランス絵画
la danse contemporaine コンテンポラリーダンス

*2 peinture 絵画
danse ダンス

*3 pour un concert de hip-hop ヒップホップ音楽のコンサートの
pour un concert de bossa nova ボサノヴァのコンサートの
pour une exposition de peinture italienne イタリア絵画の展覧会の
pour une exposition de peinture française フランス絵画の展覧会の
pour une exposition de peinture japonaise 日本絵画の展覧会の
pour une représentation de danse contemporaine コンテンポラリーダンスの舞台の

発音のポイント

フランス語はよく，流れるような美しい響きをもつ言語と言われます．子音と母音をまとめて発音する傾向があるので，途切れずに聞こえるためです．アンシェヌマン，リエゾン，エリズィヨンなど，フランス語の発音には色々なきまりがありますが，母音と母音の音が重なるのを避ける，または子音と母音をできるだけまとめて発音するなど，フランス語の特徴によるものだと思えば納得もゆきますね．

アンシェヌマンの例：il a / [~~イル＿ア~~] → [イラ]（母音または無音の h で始まる単語は，il の最後の子音 l と一緒に発音する）

リエゾンの例：ils ont / [~~イル＿オン~~] → [イルゾン]（ont が母音で始まる単語のため，本来発音しないはずの ils の最後の子音 s を濁音化させて一緒に発音する）

エリズィヨンの例：~~je ai~~ → j'ai / ~~la école~~ → l'école（母音の衝突を防ぐ）

029 **1** 音声を聞いて，発音された文にふさわしい絵をＡとＢから選び□に✔を入れなさい．

① A □　B □

② A  □　B □

③ A  □　B □

④ A  □　B □

Civilisation：フランスの食事情

フランス料理は世界三大料理の１つで，日本でも高級な料理というイメージがあります．しかしフランス人が毎日豪華なフルコースを食べているわけではありません．朝はパンとコーヒー，お昼はサンドイッチなど，手軽に済ませる人が多いです．夕食は，前菜→メイン→デザートと食事の順序は決まっていますが，前菜にはハムやパテ，メインも肉料理ばかりではなく魚料理やオムレツだけということもあります．またデザートも，ヨーグルトやフルーツのみというヘルシー化の傾向にあります．

オーガニック食品への関心も高く，スーパーに専用のコーナーも設けられていて人気です．また最近ではベジタリアンやヴィーガンの人も増えています．

Leçon 4 家族

第２群規則動詞の直説法現在／指示形容詞／所有形容詞／命令法

［第２群規則動詞］ 030

fin*ir* 終える／終わる	
je fin*is*	nous fin*issons*
tu fin*is*	vous fin*issez*
il fin*it*	ils fin*issent*

Nous *finissons* bientôt le dîner.
私たちはもうすぐ夕食を終えます．

Je *choisis* le dessert après.
デザートは後ほど選びます．

＊おもな第２群規則動詞には次のようなものがあります．choisir 選ぶ / réussir 成功する / grandir 成長する

［指示形容詞］ 031

「この，あの，その」という意味で用いられます．英語の this と that のような遠近の区別はありません．修飾する名詞に合わせて性数一致します．

	男性	女性
単数	**ce [cet]**	**cette**
複数	**ces**	

Je finis bientôt *ce* travail. もうすぐこの仕事を終えます．

Ils habitent dans *cet* appartement.
彼らはこのアパルトマンに住んでいます．

＊ce は母音または無音の h で始まる単語の前では ce は cet になります．

［所有形容詞］ 032

修飾する名詞に合わせて性数一致します．

	男性単数	女性単数	男女複数
私の	**mon**	**ma [mon]**	**mes**
きみの	**ton**	**ta [ton]**	**tes**
彼（女）の / それの	**son**	**sa [son]**	**ses**
私たちの	**notre**		**nos**
あなた（がた）の / きみたちの	**votre**		**vos**
彼（女）たちの / それらの	**leur**		**leurs**

ma sœur 私の妹　　*notre* professeur 私たちの先生

vos amis あなた（たち）の（複数の）友だち

英語では，名詞を所有する人の性に合わせ「彼の」「彼女の」を区別しますが，フランス語の場合は名詞の性に合わせます．たとえば「彼の父」と「彼女の父」は，英語では his father そして her father と異なりますが，フランス語の場合は「父」が男性名詞のため，「彼の父」でも「彼女の父」でも son père となります［彼（女）の母 sa mère / 彼（女）の両親 ses parents］．
ma / ta / sa の直後に母音または無音の h で始まる単語が来た場合は，その単語の性にかかわらず常に mon / ton / son を使います［~~ma~~ école→mon école］．

［命令法］ 033

tu, nous, vous に対する３通りの形があります．多くの動詞は，現在形の活用から主語を取ったものと同じですが，-er 動詞と aller や ouvrir の tu の活用では，語末の s を取ります．avoir と être は，特殊な活用をします．

écouter ～を聞く	
(tu)	écout*e* 聞いてね
(nous)	écout*ons* 聞いてみましょう
(vous)	écout*ez* 聞いてください

avoir	
(tu)	***aie***
(nous)	***ayons***
(vous)	***ayez***

être	
(tu)	***sois***
(nous)	***soyons***
(vous)	***soyez***

Écoute cette chanson française. このフランスの歌を聞いてみてね．

*N'*ayez *pas* peur. 恐がらないでください．

1 日本語に合うように，（　）内の不定詞を適切に活用させなさい.

① Je (finir) bientôt mes devoirs. もうすぐ宿題が終わります.

② (choisir)-vous la viande ? あなたは肉(料理)を選びますか？

③ Le film (finir) dans dix minutes. 映画は 10 分後に終わります.

④ Il (réussir) un concours. 彼は試験に合格しますよ.

2 日本語に合うように，（　）内に適切な指示形容詞を記入しなさい．文頭は大文字にしなさい.

① Elle ne rentre pas tard (　　　) soir. 彼女は今晩帰宅は遅くなりません.

② J'ai rendez-vous avec Janette (　　　) après-midi.
今日の午後ジャネットと約束があります.

③ (　　　) étudiants parlent bien français.
この学生たちはフランス語を上手に話します.

④ (　　　) revue est intéressante. この雑誌は面白いですよ.

3 日本語に合うように，（　）内に適切な所有形容詞を記入しなさい.

① (　　　) frère habite à Londres. 彼女の弟はロンドンに住んでいます.

② Je passe les vacances avec (　　　) famille. 私はバカンスを家族と過ごします.

③ (　　　) mère est française. 彼のお母さんはフランス人です.

④ (　　　) parents sont fonctionnaires tous les deux.
彼らの両親は 2 人とも公務員です.

4 （　）内の不定詞を適切な命令法にしなさい.

① (préparer) bien tes examens. しっかりと試験の準備をしなさい.

② (finir) le travail ensemble. 一緒に仕事を終えましょう.

③ (être) gentil avec ta sœur. 妹に優しくしてあげなよ.

④ (avoir) confiance en vous. 自分に自信を持ってください.

家族

034 famille 家族　père 父　mère 母　parents 両親　frère 兄弟　sœur 姉妹　mari 夫　femme 妻
fils 息子　fille 娘　grand-père 祖父　grand-mère 祖母　oncle おじ　tante おば

発音のポイント

フランス語は，つづりと発音の関係が難しいと思っていませんか．しかし法則さえ覚えてしまえば，ほとんどの単語が規則どおりの発音をすることがわかります．「明晰でないものはフランス語ではない」とはフランス人リヴァロル（1753–1801）が語った言葉ですが，フランス語は長い時間をかけ国家をあげて文法を精査し，明晰化に努めてきました.

e の発音について見てゆきましょう．e の音は基本的には日本語の［ウ］に近い音になります．鋭く［エ］と読ませるためには，アクサンをつけて é にしなければなりません．è は口を広めに開いて［エー］と少し長くのばした音になります．音節ごとに区切ったときに，ses のように次に子音字が続いているときにも［エ］と発音します.

Conversation modèle

035

Aya : Tu habites chez tes parents, Olivier ?

Olivier : Non, j'habite avec[*1] mon frère Paul. Mes parents habitent à Bordeaux. Et toi, Aya ?

Aya : J'habite avec Yoko, une amie japonaise. Elle est étudiante à la Sorbonne[*2]. Nous dînons[*3] ensemble ce soir. Tu n'es pas libre[*4] ce soir ?

Olivier : Si, je suis libre.

Aya : Alors[*5], dînons ensemble !

Olivier : Avec plaisir[*6].

*1 avec ～ ～と一緒に　*2 la Sorbonne（パリの）ソルボンヌ大学　*3 dînons<dîner 夕食を食べる　*4 libre 暇な
*5 alors それでは　*6 Avec plaisir. 喜んで.

上の文章を参考にしながら，下の語彙も使って会話練習をしなさい．

A : Tu habites chez tes parents, ＿＿＿＿ ?

B : Non, j'habite avec ＿＿＿＿ [*1].

Mes parents habitent à ＿＿＿＿ [*2]. Et toi, ＿＿＿＿ ?

A : J'habite avec ＿＿＿＿ , ＿＿＿＿ [*1]. ＿＿＿＿ [*3].

Nous dînons ensemble ce soir. Tu n'es pas libre ce soir ?

B : Si, je suis libre.

A : Alors, dînons ensemble !

B : Avec plaisir.

Vocabulaire

*1 ma sœur 姉妹　mon oncle おじ　ma tante おば　un(e) ami(e) français(e) フランス人の友だち
un(e) ami(e) d'enfance 幼なじみ　un(e) ami(e) du lycée 高校時代の友だち

*2 Marseille マルセイユ　Lyon リヨン　Toulouse トゥールーズ　Nice ニース　Nantes ナント
Strasbourg ストラスブール

*3 Il [Elle] travaille dans une banque. 彼(女)は銀行で働いている.
Il [Elle] est étudiant(e) [en droit / en littérature / en économie / en relations internationales].
彼(女)は［法学部 / 文学部 / 経済学部 / 国際関係学部］の学生である.

曜日 les jours de la semaine

lundi 月曜日	**mardi** 火曜日	**mercredi** 水曜日	**jeudi** 木曜日
vendredi 金曜日	**samedi** 土曜日	**dimanche** 日曜日	

037 **1** 音声を聞いて，発音された動詞を下の選択肢から選び，（　）内に適切な形に直して記入しなさい．

① Marie (　　　　　　　　) la viande.

② Le film (　　　　　　　　) dans cinq minutes.

③ (　　　　　　　　) courageux !

④ (　　　　　　　　) bien cette phrase.

⑤ (　　　　　　　　) ensemble ce soir.

choisir / dîner / écouter / être / finir

038 **2** 音声を聞いて，発音された文にふさわしい絵をAとBから選び□に✔を入れなさい．

① A □

B □

② A □

B □

Civilisation：パートナーとの新たな形

PACS というフランスの制度を聞いたことがありますか．Pacte civil de solidarité の略称である PACS は「民事連帯契約」という意味で，結婚の届け出をしていないカップルにも，結婚に近い権利を認める法律です．1999 年から施行されています．もともとは同性のカップル等も法的に認めるために作られた制度でした．

日本と同様に初婚の平均年齢が高いフランスでは，昨今結婚に踏み切れず事実婚の形をとるカップルが増加しています．信者の数が激減しているとはいえ，離婚を禁止しているカトリック文化圏のフランスでは，離婚への危惧から結婚を迷う人もいます．さらに，離婚時に民事裁判が義務付けられているために，経済的理由から結婚をためらうカップルも多いと言われています．そこで，結婚と比べて心理的・経済的な負担が少なく，さらに税制面での優遇措置などが受けられる PACS の制度が，異性同士のカップルにとっても魅力的なものとして映り，PACS の申請をする人が増えています．

なお，2013 年には，同性カップルの結婚が認められるようになりました．

Leçon 5 日常生活

疑問副詞／動詞 aller と venir の直説法現在／近接未来／近接過去／冠詞縮約

［疑問副詞］ 039

疑問文の文頭，ないし文末につけて用います．

comment どのように / ***où*** どこ / ***quand*** いつ / ***pourquoi*** なぜ / ***combien*** どのくらい

Pourquoi tu pleures ? なぜ泣いているの？　　Tu habites ***où*** ? どこに住んでいるの？

［動詞 aller と venir］ 040

aller 行く			
je	***vais***	nous	***allons***
tu	***vas***	vous	***allez***
il	***va***	ils	***vont***

venir 来る			
je	***viens***	nous	***venons***
tu	***viens***	vous	***venez***
il	***vient***	ils	***viennent***

Je ***vais*** à l'école en bus. バスで学校へ行きます．

Elle ***vient*** de France. 彼女はフランスの出身です．

en train 電車で
en voiture 車で
en avion 飛行機で
à pied 徒歩で
à vélo 自転車で

［近接未来］ 041

aller の直説法現在の活用形＋不定詞（動詞の原形）　「もうすぐ〜します」

Nous ***allons*** terminer ce travail. 私たちはもうすぐこの仕事を終えます．

［近接過去］ 042

venir の直説法現在の活用形＋**de** [**d'**]＋不定詞（動詞の原形）　「〜したばかりです」

Je ***viens d'***arriver. 着いたばかりです．

［冠詞縮約］ 043

前置詞 à と de は定冠詞の le または les が直後にきたときは，縮約した形をとります．

① 前置詞 **à**「〜へ，〜で」

à + le → ***au***	Ils vont ***au*** restaurant. 彼らはレストランへ行きます．
à+les → ***aux***	J'ai mal ***aux*** dents. 歯が痛いです．

「〜の国へ行く」，「〜の国から来る」というときには，注意が必要です．
Je vais au Canada.
Il va en Chine.
Nous allons aux États-Unis.
Tu viens du Japon.
Elle vient d'Italie.
Vous venez des Philippines.

② 前置詞 **de**「〜の，〜から」

de+le → ***du***	L'hôtel est près ***du*** musée. ホテルは美術館の近くです．
de+les → ***des***	Washington est la capitale ***des*** États-Unis. ワシントンはアメリカ合衆国の首都です．

1 日本語に合うように，（　）内に適切な疑問副詞を記入しなさい．

① 駅はどこですか？ — 徒歩で５分のところにあります．
(　　　　　　) est la gare ? — Elle est à cinq minutes à pied.

② 試験はいつ終わりますか？ — 来週の月曜日です．
Les examens finissent (　　　　　　) ? — Lundi prochain.

③ なぜフランス語を勉強しているの？ — フランスが好きだからよ．
(　　　　　　) tu étudies le français ? — Parce que j'aime la France.

2 日本語に合うように，（　）内に aller か venir を適切な形に直して記入しなさい．

① 大学までどうやって行きますか？ — 電車で行きます．
Comment est-ce que vous (　　　　　　) à l'université ?
— Je (　　　　　　) à l'université en train.

② 私はイタリアの出身です．
Je (　　　　　　) d'Italie.

3 次の文を，それぞれ (I) 近接未来と (II) 近接過去の文に書き換えなさい．

① Elle rentre à la maison.
(I) → ______
(II) → ______

② J'ai vingt ans.
(I) → ______
(II) → ______

4 日本語に合うように単語を並べ替え，文頭は大文字にして，適切な文にしなさい．

① 私たちは今晩レストランへ行きます． [allons / au / ce / nous / restaurant / soir].
→ ______

② 目が痛いです． [ai / aux / j' / mal / yeux].
→ ______

③ 東京は日本の首都です． [capitale / du / est / Japon / la / Tokyo].
→ ______

前置詞

044

à ～ ～へ／～で	en ～ ～で／～の中に	devant ～ ～の前に	derrière ～ ～の後ろに
chez ～ ～の家に	dans ～ ～の中に	de ～ ～の／～から	près de ～ ～の近くに

Je vais ***à*** la bibliothèque ***en*** métro. 私は地下鉄で図書館へ行きます．
La poste est ***devant*** [***derrière***] la gare. 郵便局は駅の前［後ろ］です．
Tu viens ***chez*** Daniel ce week-end ? 今週末，ダニエルの家に来る？
Le musée n'est pas ***dans*** ce quartier. その美術館はこの地区にはありません．
La gare ***de*** Lyon est tout ***près d'***ici. リヨン駅はこのすぐ近くです．

Conversation modèle

045

Toru : Quand est-ce que nous allons chez Daniel ?

Claire : Ce samedi[*1].

Toru : Il habite où, Daniel ?

Claire : Il habite près du musée du Louvre[*2]. Il habite dans un grand appartement avec sa sœur.

Toru : Il a de la chance ! Nous apportons[*3] quelque chose[*4] ? Du chocolat[*5], par exemple[*6] ?

Claire : Ah, non !

Toru : Pourquoi ?

Claire : Parce qu'il est allergique[*7] au chocolat. Achetons[*8] plutôt[*9] du vin[*10].

Toru : Oui, nous allons acheter une bouteille de vin rouge[*11].

*1 ce samedi 今週の土曜日　*2 musée du Louvre ルーヴル美術館　*3 apportons<apporter ～ ～を持って行く　*4 quelque chose 何か　*5 chocolat 男 チョコレート　*6 par exemple たとえば　*7 allergique à ～ ～にアレルギーがある　*8 achetons<acheter ～ ～を買う　*9 plutôt むしろ　*10 vin 男 ワイン　*11 une bouteille de vin rouge 赤ワイン 1 瓶

上の文章を参考にしながら，下の語彙も使って会話練習をしなさい．

A : Quand est-ce que nous allons chez ＿＿＿＿ ?

B : ＿＿＿＿[*1].

A : Il [Elle] habite où, ＿＿＿＿ ?

B : Il [Elle] habite ＿＿＿＿[*2]. Il [Elle] habite dans un grand appartement avec sa sœur.

A : Il [Elle] a de la chance ! Nous apportons quelque chose ? ＿＿＿＿[*3], par exemple ?

B : Ah, non !

A : Pourquoi ?

B : Parce qu'il [elle] est allergique ＿＿＿＿[*4]. Achetons plutôt ＿＿＿＿[*5].

A : Oui, nous allons acheter ＿＿＿＿[*3].

Vocabulaire

*1 Ce soir 今晩　Demain 明日　Ce vendredi 今週の金曜日
Ce dimanche après-midi 今週の日曜日の午後
*2 près de la place de la Bastille バスティーユ広場の近くに　derrière la station Odéon オデオン駅の裏手に
*3 une bouteille de vin blanc 白ワイン 1 瓶　une bouteille de saké sec 辛口の日本酒 1 瓶
des fraises イチゴ　un melon メロン　un gâteau au chocolat チョコレートケーキ
*4 aux raisins ブドウに　au riz コメに　aux fraises イチゴに　au melon メロンに
*5 du saké 日本酒　des fruits フルーツ　un gâteau ケーキ

発音のポイント：鼻母音

combien［コンビアン］，comment［コマン］，quand［カン］を発音する際に気をつけなくてはならないのが，フランス語特有の鼻から抜ける鼻母音の音です．日本語で［ン］を発音するときには自然と口を閉じています．口を閉じずに［コマン］や［カン］と発音すると，鼻母音に近い音になります．

Écoute

046 **1** 音声を聞いて，発音された疑問副詞を（　）内に記入しなさい．

① (　　　　　　　　　　) elle habite en France ?

② (　　　　　　　　　　) tu vas à la gare ?

③ (　　　　　　　　　　) travaillez-vous ?

047 **2** 音声を聞いて，発音された文にふさわしい絵をＡとＢから選び□に✔を入れなさい．

① A □  　B □  

② A □ 　B □ 

③ A □ 　B □ 

④ A □ 　B □ 

048 **3** 音声を聞いて，発音された冠詞縮約形を（　）内に記入しなさい．

① J'ai mal (　　　　　　　　　　) dents.　歯が痛いです．

② Un café (　　　　　　　　　　) lait, s'il vous plaît.　カフェオレを1杯，お願いします．

③ C'est la chambre (　　　　　　　　　　) enfants.　それは子ども部屋です．

Civilisation：余暇の過ごし方

フランス人がバカンスをとることはよく知られていますが，平日や週末などの余暇はどのように過ごしているのでしょうか．

私営のカルチャーセンターや，市町村が運営している文化体験の講習会やスポーツなどの教室に参加する人はとても多いです．語学の授業のほか，テニスや柔道，ヨガなども人気があります．さらに生け花や書道といった日本の文化講習会も人気だそうです．

また金曜日や土曜日の晩に友人を自宅に招くことも多く，夜を徹して語り合うこともしばしばです．

Leçon 6 過去

疑問代名詞／直説法複合過去

［疑問代名詞］ 049

	主語	直接目的語 / 属詞	前置詞の後
誰	誰が～？ **Qui** ～？ **Qui** ***est-ce qui*** ～？	誰（を）～？ 主語＋動詞＋**qui**？ **Qui** ***est-ce que***＋主語＋動詞？ **Qui**＋動詞＋「-」＋主語代名詞？	前置詞＋**qui**？
何	何が～？ **Qu'*****est-ce qui*** ～？	何（を）～？ 主語＋動詞＋**quoi***？ **Qu'*****est-ce que***＋主語＋動詞？ **Que**＋動詞＋「-」＋主語代名詞？	前置詞＋**quoi***？

＊qui はエリズィヨンしません．qu' という形は que のエリズィヨンです．

1　主語を尋ねる

① 疑問詞＋動詞？　*Qui* va au concert avec nous ? 誰が私たちと一緒にコンサートに行くの？

② 疑問詞＋*est-ce qui*？　*Qu'est-ce qui* ne va pas ? 何が上手くいかないの？

2　直接目的語 / 属詞を尋ねる

① 主語＋動詞＋疑問詞？　Vous cherchez *qui* ? あなたは誰を探していますか？

Vous cherchez *quoi* ? あなたは何を探していますか？

② 疑問詞＋*est-ce que*＋主語＋動詞？　*Qui est-ce que* vous cherchez ?

Qu'est-ce que vous cherchez ?

③ 疑問詞＋動詞＋「-」＋主語代名詞？

Qui cherchez-vous ?　*Que* cherchez-vous ?

* que が文末に置かれる場合や前置詞の後では quoi となります

3　前置詞の後

Avec qui allez-vous à l'école ? きみたちは誰と学校に行きますか？

De quoi parles-tu ? 何について話しているの？

［直説法複合過去］ 050

完了した行為や出来事または経験を述べるときに使われます．

① 過去分詞の作り方

-er → é : all*er* → all*é* / visit*er* → visit*é*

-ir → i : dorm*ir* → dorm*i* / fin*ir* → fin*i*

その他 : avoir → eu / être → été / venir → venu

② **avoir** の活用形＋他動詞および ③ 以外の自動詞の過去分詞

Il ***a visité*** l'Europe cet été. 彼は今年の夏にヨーロッパを訪れました．

③ **être** の活用形＋移動や変化を表す自動詞（aller, arriver, venir など）の過去分詞

＊過去分詞は主語に性数一致させます．

Elle ***est allée*** aux États-Unis le mois dernier. 彼女は先月，アメリカ合衆国へ行きました．

Ils ***sont venus*** chez nous hier soir. 昨晩，私たちの家に彼らが来ました．

④ 否定文

ne [n']＋**avoir** または **être** の活用形＋pas＋過去分詞

Je ***n'***ai ***pas*** eu de chance aujourd'hui ! 今日はついてなかったなあ！

Exercices

1 日本語に合うように，(　) 内に適切な疑問代名詞を記入しなさい．

① 何が起きているのですか？ (　　　　)'est-ce (　　　　) arrive ?

② 誰を招待しましょうか？
(　　　　) est-ce (　　　　) nous invitons ?

③ 今晩のパーティーには誰が来るの？
(　　　　) est-ce (　　　　) vient à la fête de ce soir ?

④ それは何？ C'est (　　　　) ?

2 (　) 内の不定詞を avoir を用いた複合過去形にしなさい．

① Elle (visiter) Londres l'an dernier. ________

② J'(finir) mes devoirs. ________

③ Qu'est-ce que vous (choisir) ? ________

3 (　) 内の不定詞を être を用いた複合過去形にしなさい．

① Il (aller) à l'école. ________

② Nous (monter) au sommet du mont Fuji. ________

③ Elle (venir) chez nous hier soir. ________

4 次の文を否定文にしなさい．

① Ils sont venus à la fête d'hier soir.
→ ________

② Nous avons visité l'Europe cet été.
→ ________

③ Elle est arrivée à l'aéroport.
→ ________

④ J'ai bien dormi hier soir.
→ ________

時をあらわす表現

051

過去を述べる文では，時をあらわす表現がよく一緒に用いられます．ここでは過去の文とともに用いられることもある語句を，まとめて覚えておきましょう．

aujourd'hui 今日　ce matin 今朝　cet après-midi 今日の午後　hier 昨日　hier matin 昨日の朝
hier après-midi 昨日の午後　lundi soir 月曜日の晩　mardi matin 火曜日の朝
mercredi après-midi 水曜日の午後　jeudi soir 木曜日の晩　vendredi matin 金曜日の朝
samedi après-midi 土曜日の午後　dimanche soir 日曜日の晩　le week-end dernier 先週末
la semaine dernière 先週　le mois dernier 先月　l'année dernière 去年　il y a trois ans 3年前に

Conversation modèle

052

Catherine : Qu'est-ce que tu as ? Tu as mauvaise mine*1.
Haruki : J'ai mal à la tête*2. Je n'ai pas bien dormi cette nuit*3.
Catherine : À cause de*4 la chaleur*5 ?
Haruki : Oui. La climatisation*6 est tombée en panne*7 chez moi.
Catherine : Pauvre*8 Haruki !
Haruki : Et en plus*9, j'ai mal au cœur*10. Je vais aller chez le médecin.

*1 avoir mauvaise mine 顔色が悪い　*2 avoir mal à la tête 頭痛がする　*3 cette nuit 昨夜　*4 à cause de ～ ～のせいで　*5 chaleur 囡 暑さ　*6 climatisation 囡 冷房　*7 est tombée（<tomber）en panne 故障した　*8 pauvre かわいそうな　*9 en plus さらに　*10 avoir mal au cœur 吐き気がする

1 上の文章を参考にしながら，2 下の語彙も使って会話練習をしなさい．

A : Qu'est-ce que tu as ? Tu ______ *1.
B : ______ *2. Je n'ai pas bien dormi cette nuit.
A : À cause de la chaleur ?
B : Oui. ______ *3.
A : Pauvre ______ !
B : Et en plus, ______ *2. Je vais aller chez le médecin.

Vocabulaire

*1 as l'air fatigué(e) 疲れた様子をしている　　tousses beaucoup 咳き込む
*2 J'ai mal à la gorge のどが痛い　　J'ai mal à l'estomac 胃が痛い
Je suis enrhumé(e) 風邪をひいている
*3 J'ai laissé marcher la climatisation toute la nuit et j'ai pris froid. 一晩中冷房をつけていたら，風邪をひいてしまった．

動詞 prendre

053 prendre は英語の take と似ていて，様々な意味で用いられる万能な動詞です．prendre le petit-déjeuner なら「朝食をとる」，prendre le train なら「電車に乗る」，prendre des photos なら「写真を撮る」，prendre un verre なら「1 杯飲む」という意味になります．

prendre（～を食べる / ～に乗る /［写真］を撮る）　＊過去分詞は pris			
je	***prends***	nous	***prenons***
tu	***prends***	vous	***prenez***
il	***prend***	ils	***prennent***

Je ***prends*** des photos du château de Versailles.　ヴェルサイユ宮殿の写真を撮ります．
Nous ***avons pris*** un café ensemble.　私たちは一緒にコーヒーを飲み（お茶をし）ました．

054 **1** 音声を聞いて，（　）内に発音された単語を書き取りなさい．

① Elle (　　　　　　　　) déjà (　　　　　　　　) son petit-déjeuner.
② Tu (　　　　　　　　) (　　　　　　　　) à la tour Eiffel ?
③ J'(　　　　　　　　) déjà (　　　　　　　　) mes devoirs.
④ Ils (　　　　　　　　) (　　　　　　　　) en Afrique.

055 **2** 音声を聞いて，発音された文にふさわしい絵をAとBから選び□に✔を入れなさい．

① A □

B □

② A □

B □

月 les mois de l'année

056

janvier 1月	**février** 2月	**mars** 3月	**avril** 4月	**mai** 5月
juin 6月	**juillet** 7月	**août** 8月	**septembre** 9月	
octobre 10月	**novembre** 11月	**décembre** 12月	**en janvier** 1月に	

Civilisation : フランスの医療事情

日本ではよく体調を崩すと，胃に負担のかからないお粥を食べることが多いと思います．フランスの主食はパンですから，当然病気の時にお粥を食べることはありません．体調のすぐれない時に食べられる，最も一般的な食べ物はヨーグルトのようです．

また温泉の多い日本では，昔から温泉に入って治療する湯治（とうじ）が盛んでしたが，フランスでもthermalismeと言われ，温泉療養が古くから親しまれてきました．飲料水で有名な「エビアン」はフランス東部に位置するオート=サヴォワ県の都市で，エヴィアン=レ=バン（Évian-les-Bains）というのが正式名称です．レ=バンはフランス語で温泉地を意味します．硬質の水が特徴とされます．なだらかな平野が続くフランスでは大地の傾斜が緩やかなために，ゆっくり時間をかけて水が低地まで流れます．その間に大地のミネラルをたっぷり含んだ，カルシウムやマグネシウムの豊富な硬水が誕生するのです．

日本には世界に誇る医療の皆保険制度が存在しますが，フランスも同様です．もともとギルド制度が強かったフランスでは，国家が保険制度を整備する前に，各業者ごとに保険制度を創設していました．国がシステムの充実化を図ったあとも，業種別の保険がこれを補っているようです．

Leçon 7 計画

直説法単純未来／受動態／動詞 faire の直説法現在

［直説法単純未来］ 057

不定詞から r(e) を取ったものを語幹とし，語尾をつけます．語幹には特殊な形をとるものもありますが，語尾はすべて共通です．

je	*–rai*	nous	*–rons*
tu	*–ras*	vous	*–rez*
il	*–ra*	ils	*–ront*

passer ～を過ごす			
je	passe**rai**	nous	passe**rons**
tu	passe**ras**	vous	passe**rez**
il	passe**ra**	ils	passe**ront**

特殊な語幹を持つ動詞
avoir → j'aurai
être → je serai
aller → j'irai
venir → je viendrai
voir → je verrai
faire → je ferai

Elle ***passera*** une semaine en Italie ce printemps.
彼女はこの春，イタリアで1週間過ごすでしょう．

Nous ***verrons*** Nathalie la semaine prochaine.
私たちは来週ナタリーに会うつもりです．

Il ***ira*** au Canada dans trois mois.
彼は3ヶ月後にカナダへ行くでしょう．

［受動態］ 058

「～される」という受け身の文を作るときは **être の活用形＋過去分詞 (e)(s)＋de / par** となります．過去分詞は主語に合わせて性数一致をします．複合過去形で用いられる場合には **avoir の活用形＋été＋過去分詞 (e)(s)＋de / par** となります．「～によって」という意味の前置詞は，動詞が継続した状態を表す場合は de をとりますが，それ以外は par をとります．

Ma mère ***est aimée de*** tout le monde.
母は皆から愛されている．

Nous ***sommes invités*** à dîner ***par*** monsieur Martin.
私たちはマルタン氏から夕食に招待されています．

Ce poème ***a été sélectionné par*** le jury.
審査員によってこの詩が選ばれました．

［動詞 faire］ 059

faire ～を作る / ～をする ＊過去分詞は fait			
je	***fais***	nous	***faisons*** [fəzɔ̃]
tu	***fais***	vous	***faites***
il	***fait***	ils	***font***

Je ***fais*** du sport. スポーツをしています．

Qu'est-ce qu'il ***fait*** dans la vie ? 彼の職業は何ですか？

Il ***a fait*** des bêtises. 彼は愚かなことをしました．

Mon frère ***fera*** ses études en France l'année prochaine.
兄は来年，フランスで勉強をするでしょう．

Exercices

1 日本語に合うように，（　）内の不定詞を単純未来形にしなさい．

① Ils (passer) deux mois au Japon. 彼らは２ヶ月，日本で過ごすでしょう．

② J'(inviter) monsieur et madame Gauthier demain soir.
明日の晩，ゴーチエ夫妻を招待するつもりです．

③ Mon frère (aller) au Canada cet automne. 兄はこの秋カナダに行きます．

④ Tu (venir) quand au Japon ? 日本にはいつ来るの？

⑤ Elle ne (être) pas à Paris le mois prochain. 彼女は来月はパリにいません．

⑥ Vous (voir) Thomas demain ? 明日トマに会うのですね？

2 下線部を主語にして，次の文を受動態の文に直しなさい．

① Monsieur Lacroix invite mes parents à déjeuner ce midi.
→

② Tout le monde aime Paul.
→

③ Le jury a choisi ce livre.
→

3 日本語に合うように，faire を適切な形に活用させなさい．

① Qu'est-ce qu'il (　　　　　　) ?
彼は何をしていますか？

② Nous (　　　　　　) du tennis ce week-end.
私たちは今週末テニスをします．

③ J'(　　　　　　) des bêtises. 愚かなことをしました．

④ Elles (　　　　　　) du judo ensemble.
彼女たちは一緒に柔道をするでしょう．

時をあらわす表現

060 未来を述べる文でも，時をあらわす表現がよく一緒に用いられます．ここでは未来の文とともに用いられることもある語句を，まとめて覚えておきましょう．

demain 明日	demain après-midi 明日の午後	demain soir 明日の晩	la semaine prochaine 来週
le mois prochain 来月	l'année prochaine 来年	ce printemps この春	cet été この夏
cet automne この秋	cet hiver この冬	dans deux ans ２年後に	

Conversation modèle 

061

Anne : Tu vas quelque part*1 pendant les vacances de la Toussaint*2 ?

Ken : Oui, j'irai chez les parents de Vincent. Il m'emmènera*3 chez eux.

Anne : C'est super ! Ils habitent où ?

Ken : Ils n'habitent pas loin de*4 Saint-Malo*5.

Anne : Alors tu verras le Mont-Saint-Michel*6. C'est tout près de*7 Saint-Malo.

Ken : Bien sûr ! J'irai au Mont-Saint-Michel avec Vincent.

*1 quelque part どこか　*2 Toussaint 囡 11 月 1 日の諸聖人の日．カトリック教に基づく祝日であるが，翌日 2 日の「死者の日」と近いため，フランスでは慣習的に諸聖人の日に墓参りに行くことが多い．11 月 1 日を挟んで小・中学校では 2 週間の休暇がある．　*3 emmènera<emmener ～ ～を連れて行く　*4 loin de ～ ～から遠い　*5 Saint-Malo サン=マロ．フランス北西部にあるブルターニュ地方の港町．　*6 Mont-Saint-Michel モン=サン=ミシェル．カトリック教の巡礼地であり，1979 年にはユネスコの世界遺産に登録された．サン=マロ湾に浮かぶ小島で，干潮時には陸とつながるが，満潮時には周囲が海水で覆われるため「西洋の驚異」と称される．　*7 tout près de ～ ～のすぐ近くに．tout はここでは強調の副詞として用いられている．

❶ 上の文章を参考にしながら，❷ 下の語彙も使って，会話練習をしなさい．

A : Tu vas quelque part pendant les vacances de [　　　　] *1 ?

B : Oui, j'irai chez [　　　　] *2.

A : C'est super ! Il [Elle / Ils] habite(nt) où ?

B : Il [Elle / Ils] n'habite(nt) pas loin de [　　　　] *3.

A : Alors tu verras le(s) [　　　　] *4 C'est tout près de [　　　　] *3.

B : Bien sûr ! J'irai au(x) [　　　　] *4 avec [　　　　] *5.

Vocabulaire

*1	Noël クリスマス	Pâques 復活祭		
*2	un(e) ami(e) 友だち	mon oncle おじ	ma tante おば	mes grands-parents 祖父母
*3	Nîmes ニーム	Blois ブロワ		
*4	pont du Gard ポン=デュ=ガール橋		châteaux de la Loire ロワール河流域の古城	
*5	mon ami(e) 私の友だち	mon oncle	ma tante	mes grands-parents

動詞 voir

voir は英語の see と似ていて,「～に会う」以外にも「～を見る / 理解する」など幅広い意味で用いられます.

voir (～に会う / ～を見る)　＊過去分詞は vu	
je ***vois***	nous ***voyons***
tu ***vois***	vous ***voyez***
il ***voit***	ils ***voient***

Il ***voit*** son professeur cet après-midi. 彼は先生に今日の午後会います.

Tu ***vois*** ? わかる？

J'***ai vu*** la Joconde au musée du Louvre. ルーヴル美術館でモナリザを見ました.

On ***verra.*** 様子を見てみましょう.

Écoute

063 **1** 音声を聞いて，発音された動詞を下の選択肢から選び，（　）内に適切な単純未来形に直して記入しなさい．

① Elle (　　　　　　　) à Paris la semaine prochaine.

② Je (　　　　　　　) Paul demain soir.

③ Vous (　　　　　　　) l'année prochaine au Japon ?

④ Nous (　　　　　　　) en Afrique cet hiver.

⑤ Ils (　　　　　　　) une semaine en France.

aller / être / passer / venir / voir

064 **2** 音声を聞いて，発音された動詞を右の選択肢から選び，（　）内に適切な受動態に直して記入しなさい．

① Nous (　　　　　　　) par monsieur Martin.

② Mon grand-père (　　　　　　　) de toute ma famille.

③ Cette salle (　　　　　　　).

④ Ce professeur (　　　　　　　) de tout le monde.

aimer
inviter
réserver
respecter

Civilisation : フランスのバカンス事情

フランスの夏休みは長いという話を聞いたことがあるかもしれません．フランス革命を記念する7月14日の祝日を皮切りに，8月および9月にかけて多くの人が2週間から4週間の休暇を過ごします（年間5週間の有給休暇が法律で定められているフランスでは，夏に3週間前後，冬に約2週間の長期休暇をとる人がほとんどです）．国全体が夏休み一色に染まってしまったかのように，行き交う人々の歩みはのんびりと，表情は皆穏やかで，流れる時間がゆったりと感じられます．サマー・タイムの実施されるこの時期は日の入りが遅くなるので，夕方のひと時を満喫するために，カフェのテラス席でアペリティフを飲みながら会話を弾ませる人々をよく見かけます．話題の中心はもちろんバカンスについて．互いにこの夏の予定を語り合っては，心を躍らせるのです．

小・中学校と高校の休暇は7月の2週目から8月一杯までの2か月弱とさらに長く，大学生に至っては6月から9月までの3か月余りが夏休みという人もいるほどです．そのため革命記念日を待たずに，6月の夏至の日にフランス各地で開催される「音楽祭」を夏休みの風物詩として，心待ちにしている若者も多いです．毎年6月中旬に行われる全国共通中等教育修了試験であるバカロレアのテストが終わる時期に「音楽祭」が開催されるため，多くのミュージシャンが思い思いに音楽を奏でる大通りは，充実感と解放感に満ちた高校生で溢れかえります．少々羽目を外しても，この日ばかりは「今どきの若者は…」と目くじらを立てる大人もいません．夜を徹して，心ゆくまで大音量のライブ音楽を楽しむことができるのです．

夏季休暇中も，市町村が主催する野外の無料イベントが頻繁に開かれ，人工ビーチやジャズ・フェスティバル，子ども向けの水遊びなどのイベントが盛りだくさんです．遠出をして旅行に出掛けなくても，地元で十分楽しめる充実のプログラムがフランス各地で用意されています．皆さんもぜひ，夏のフランスを訪れてみてはいかがでしょうか．

Bilan

0 課

1 次の文を訳しなさい.

① Je m'appelle Catherine. ______
② Bonjour, monsieur Dubois. ______
③ Enchanté. ______
④ Vous allez bien ? ______
⑤ Je vais très bien. ______

1 課

1 (　) 内に適切な不定冠詞を記入し, [　] 内に単語の意味を書きなさい.

① (　　　) ami [　　　]
② (　　　) stylos [　　　]
③ (　　　) montre [　　　]
④ (　　　) chaises [　　　]

2 (　) 内に適切な定冠詞を記入し, [　] 内に単語の意味を書きなさい.

① (　　　) soleil [　　　]
② (　　　) gare [　　　]
③ (　　　) hôtel [　　　]
④ (　　　) écoles [　　　]

3 (　) 内に適切な部分冠詞を記入し, [　] 内に単語の意味を書きなさい.

① (　　　) bonheur [　　　]
② (　　　) fièvre [　　　]
③ (　　　) patience [　　　]
④ (　　　) eau [　　　]

4 次の文の主語を (　) 内の単語に変えて, 全文を書き換えなさい.

① Il est étudiant. (Elle) ______
② Je suis chanteur. (Ils) ______
③ Elle est lycéenne. (Il) ______
④ Tu es collégien. (Elles) ______

⑤ Il est musicien. (Ils) ________________

⑥ Elles sont infirmières. (Il) ________________

2 課

1 次の疑問文にそれぞれ (I) Oui と (II) Non で答えなさい.

① Tu parles français ?

(I) → ________________

(II) → ________________

② Est-ce que vous pensez à Jean ?

(I) → ________________

(II) → ________________

③ Est-elle anglaise ?

(I) → ________________

(II) → ________________

④ Écoute-t-il la radio ?

(I) → ________________

(II) → ________________

⑤ Arrive-t-il à Osaka demain ?

(I) → ________________

(II) → ________________

3 課

1 [ ] 内の単語を並べ替え, 文頭は大文字にして, 適切な文にしなさい.

① [as / chien / petit / tu / un].

→ ________________

② [grande / ils / maison / ont / une].

→ ________________

③ [a / bleue / montre / Paul / une].

→ ________________

④ [ai / intéressant / j' / livre / un].

→ ________________

⑤ [a / américaine / elle / une / voiture].

→ ________________

4 課

1 次の文を訳しなさい.

① Je finis bientôt ce travail.

② Ma famille habite à Paris.

③ Elle a rendez-vous avec Paul cet après-midi.

④ Mon père travaille dans cet hôtel.

⑤ Ma sœur ne rentre pas tard ce soir.

2 次の文を命令文にしなさい.

① Nous écoutons cette chanson japonaise.

② Vous préparez bien vos examens.

③ Tu ne rentres pas tard ce soir.

④ Vous n'avez pas peur.

⑤ Tu es gentil avec ton frère.

5 課

1 次の文を，それぞれ (I) 近接未来と (II) 近接過去の文に書き換えなさい.

① Ils terminent ce travail.

(I) →

(II) →

② Sophie rentre de l'hôpital.

(I) →

(II) →

③ Nous regardons la télé.

(I) →

(II) →

④ Elles arrivent aux États-Unis.

(I) →

(II) →

⑤ J'ai vingt ans.

(I) →

(II) →

6 課

1 次の文の動詞を複合過去形に変えて，全文を書き換えなさい.

① Je visite l'Europe cet été. ______

② Tu travailles aujourd'hui. ______

③ Qu'est-ce que vous choisissez ? ______

④ Il va à l'école. ______

⑤ Elles viennent chez nous. ______

⑥ Qui est-ce que vous cherchez ? ______

⑦ Je n'ai pas de chance. ______

⑧ Ils n'arrivent pas à la gare. ______

7 課

1 次の文の動詞を単純未来形に変えて，全文を書き換えなさい.

① Je passe cet été en Europe.

→ ______

② Ma mère va en Italie avec une amie d'enfance.

→ ______

③ Nous voyons nos grands-parents la semaine prochaine.

→ ______

2 下線部を主語にして，次の文を受動態の文に直しなさい.

① Jules invite Paul et Caroline demain midi.

→ ______

② Tout le monde aime Charlotte.

→ ______

3 次の文を訳しなさい.

① Qu'est-ce qu'elle fait dans la vie ?

→ ______

② Je fais du jogging dimanche matin.

→ ______

③ Nous avons fait du tennis le week-end dernier.

→ ______

④ Ma fille fera ses études aux États-Unis.

→ ______

Leçon 8 買い物

目的語人称代名詞／動詞 vouloir, pouvoir, devoir の直説法現在／疑問形容詞

［目的語人称代名詞］ 065

動詞の直前に置かれ，否定文では動詞とともに ne と pas で挟まれます．me / te / le / la の直後に母音または無音の h で始まる単語が来た場合はエリズィヨンします．

主語	je [j']	tu	il	elle	nous	vous	ils	elles
直接目的語	me [m']	te [t']	le [l']	la [l']	nous	vous	les	
間接目的語			lui				leur	

Elle choisit ***sa robe.*** 彼女は自分のドレスを選びます．→ Elle ***la*** choisit.

Nous **ne** finissons **pas** ***notre travail*** tout de suite. 私たちは仕事をすぐには終えられない．

→ Nous **ne** ***le*** finissons **pas** tout de suite.

Nathan aime ***sa femme.*** ナタンは奥さんを愛しています．→ Nathan ***l'***aime.

直接目的語と間接目的語を 1 文のなかで同時に用いることができるのは，直接目的語が三人称（le, la, les）のときだけです．その場合，現在形の文では語順が以下のように決まっています．

主語＋(ne)＋**me, te, nous, vous**＋**le, la, les**＋**lui, leur**＋動詞＋(pas)

Je donne ***ce livre* à ton fils.** 私はこの本をきみの息子さんにあげるよ．→ Je ***le*** **lui** donne.

ただし肯定命令文の場合は，動詞＋直接目的語人称代名詞＋間接目的語人称代名詞の語順になり，「-」でつなぎます．
Donne-***le***-**lui**.

［動詞 vouloir, pouvoir, devoir］ 066

vouloir ～が欲しい / ～したい ＊過去分詞は voulu		**pouvoir** ～できる ＊過去分詞は pu		**devoir** ～すべきだ ＊過去分詞は dû	
je ***veux***	nous ***voulons***	je ***peux***	nous ***pouvons***	je ***dois***	nous ***devons***
tu ***veux***	vous ***voulez***	tu ***peux***	vous ***pouvez***	tu ***dois***	vous ***devez***
il ***veut***	ils ***veulent***	il ***peut***	ils ***peuvent***	il ***doit***	ils ***doivent***

Tu ***veux*** de l'eau ? お水が欲しいの？

Ils ***veulent*** travailler à l'étranger. 彼らは海外で働きたがっている．

Vous **ne** ***pouvez*** **pas** manger ici. ここで食事はできません．

Je ***dois*** partir tout de suite. 私はすぐに出発しないといけません．

［疑問形容詞］ 067

「どの～」という意味で，疑問文とともに用いられます．

	男性	女性
単数	**quel**	**quelle**
複数	**quels**	**quelles**

Vous avez ***quel*** âge ? — J'ai dix-huit ans. 何歳ですか？ — 18 歳です．

Tu es en ***quelle*** année ? — Je suis en première année. 何年生？ — 1 年生です．

Quel est votre numéro de téléphone ? — C'est le 01 12 15 18 20.
あなたの電話番号は何番ですか？ — 01 12 15 18 20 です．

1 下線部を目的語人称代名詞に変えて，全文を書き換えなさい．

① Il choisit le plat du jour.
→ ____________________

② Je finis mes devoirs avant le dîner.
→ ____________________

③ Je la présente à mes parents.
→ ____________________

④ Il n'aime pas ses frères.
→ ____________________

⑤ Ses parents ne donnent pas la clé de la voiture à Pierre.
→ ____________________

2 （　）内の不定詞を適切な現在形に活用させなさい．

① Qu'est-ce que tu (vouloir) pour ton anniversaire ? ____________
きみは誕生日に何が欲しいの？

② Tu (devoir) partir maintenant. ____________
きみは，今出発しないといけないよ．

③ Vous ne (pouvoir) pas fumer ici. ____________
ここでは喫煙できません．

④ Qui (vouloir) du thé ? ____________
お茶が欲しいのは，どなたですか？

3 日本語に合うように，（　）内に適切な疑問形容詞を記入しなさい．

① Il a (　　　　　　) âge ? 彼は何歳ですか？

② Elle est en (　　　　　　) année ? 彼女は何年生ですか？

③ Ils arrivent à (　　　　　　) heure ? 彼らは何時に到着しますか？

④ Tu aimes (　　　　　　) fruits ? どんなフルーツが好きなの？

⑤ Vous faites (　　　　　　) sports ? どんなスポーツをしていますか？

数字（21～1000）

068
21 vingt et un　22 vingt-deux　30 trente　31 trente et un　32 trente-deux　40 quarante
41 quarante et un　42 quarante-deux　50 cinquante　60 soixante
70 soixante-dix　71 soixante et onze　72 soixante-douze　75 soixante-quinze
76 soixante-seize　77 soixante-dix-sept　79 soixante-dix-neuf　80 quatre-vingts
81 quatre-vingt-un　82 quatre-vingt-deux　89 quatre-vingt-neuf　90 quatre-vingt-dix
91 quatre-vingt-onze　92 quatre-vingt-douze　99 quatre-vingt-dix-neuf
100 cent　101 cent un　110 cent dix　200 deux cents　1000 mille

Conversation modèle 

069

Louise : Ce pantalon*1 te va*2 bien.

Taro : Tu trouves*3 ?

Louise : Oui. Surtout*4 la couleur*5 bleue, elle te va bien.

Taro : Mais, ce n'est pas mon style*6, tu sais*7.

Louise : Mais si*8. Moi, je pense que tu as l'air*9 cool*10 dans ce pantalon.

Taro : Alors, je vais le prendre.

*1 pantalon 男 ズボン　*2 aller à ～ ～に似合う　*3 Tu trouves ? そう思う？　*4 surtout 特に　*5 couleur 女 色　*6 style 男 スタイル / 流儀　*7 tu sais わかるでしょう　*8 Mais si. si はもともと否定文で言われていた事柄を，肯定するときの表現．mais はこの場合，si の強調で使われている．　*9 avoir l'air ～ ～のように見える　*10 cool かっこいい

1 上の文章を参考にしながら，2 下の語彙も使って空欄を埋め，会話を練習しなさい．

A : ＿＿＿＿*1 te va [vont] bien.

B : Tu trouves ?

A : Oui. Surtout la couleur ＿＿＿＿*2, elle te va bien.

B : Mais, ce n'est pas mon style, tu sais.

A : Mais si. Moi, je pense que tu as l'air ＿＿＿＿*3 dans ＿＿＿＿*1.

B : Alors, je vais le [la / les] prendre.

Vocabulaire

*1 ce manteau このコート　ce pull このセーター　ces chaussures この靴　cette robe このドレス　cette veste この上着

*2 blanche 白の　noire 黒の　kaki カーキの　beige ベージュの

*3 dynamique 活動的な　vivant(e) 元気な　élégant(e) エレガントな　chic シックな

人称代名詞強勢形

070

人称代名詞の強勢形は，以下のような場合に用いられる代名詞です．

主格	je	tu	il	elle	nous	vous	ils	elles
強勢形	moi	toi	lui	elle	nous	vous	eux	elles

① 主語の強調：Bonjour. ***Moi***, je m'appelle Théo Blanc. こんにちは，私はテオ・ブランです．

② C'est ～. の文：Allô, ***c'est toi***, Laure ? もしもし，きみなの，ロール？

③ 前置詞の後：Nous allons ***chez lui*** demain. 私たちは明日彼の家に行きます．

④ 比較（10 課を参照）の que の後で：Sa femme est plus grande ***que lui***. 彼の奥さんは彼より背が高い．

⑤ 肯定の命令文で用いられる一人称単数と二人称単数（moi と toi のみ）：Donnez-***moi*** votre nom, s'il vous plaît. お名前を頂戴できますか．

⑥ et, aussi, non plus とともに慣用的に：Je n'ai pas encore vu ce film. ***Et vous*** ? — ***Moi, non plus***. 私はまだこの映画を見ていません．あなたは？— 私もです．
Bonnes vacances ! — ***Toi aussi***. 良いバカンスを！— きみのほうもね．

071 **1** 音声を聞いて，（　）内に発音された目的語人称代名詞を記入しなさい．

① Je ne (　　　　　　　) aime pas.

② Il (　　　　　　　) (　　　　　　　) donne.

③ Je (　　　　　　　) téléphone tout de suite.

④ Nous (　　　　　　　) présentons à notre directeur.

072 **2** 音声を聞いて，発音された文にふさわしい絵をAとBから選び□に✔を入れなさい．

① A □

B □

② A □

B □

動詞 appeler

073 appeler は「～を呼ぶ / 呼び出す」以外にも「電話をかける」などの意味で用いられます．

appeler（呼ぶ / 電話をかける） ＊過去分詞は **appelé**	
j'appe**ll**e	nous appelons
tu appe**ll**es	vous appelez
il appe**ll**e	ils appe**ll**ent

Pouvez-vous ***appeler*** un taxi ?　タクシーを呼んでくれますか？

Tu m'***as appelé*** tout à l'heure ?　さっき僕に電話をした？

Je t'***appellerai*** la semaine prochaine.　来週，きみに電話をするね．

Civilisation : ファッション

パリコレという言葉を一度は聞いたことがあるでしょう．ロンドンコレクション，ミラノコレクション，ニューヨークコレクションと並ぶ世界屈指のファッションショーで，年に2回開催されています．日本のデザイナーやモデルも活躍しているので，テレビやインターネットで画像や映像を見たことがある人も多いことと思います．

パリコレは「オートクチュール」，「プレタポルテ」，「モード・マスキュリンヌ」の3つのコレクションから成り立っています．「オートクチュール」とはフランス語の haute couture をカタカナ表記にしたもので，高級仕立服という意味です．オーダーメイドの服のことを指します．「プレタポルテ」はフランス語にすると prêt-à-porter で，直訳は「身に着ける準備のできた服」となり，高級既製服を表します．「モード・マスキュリンヌ」はフランス語では mode masculine となり，直訳は「男性のファッション」，つまり「メンズ」を指します．

Leçon 9 謝る

代名動詞直説法現在／代名動詞直説法複合過去／代名動詞の否定形

［代名動詞直説法現在］ 074

目的語人称代名詞が自分自身を指すときは再帰代名詞が用いられ，動詞とセットで代名動詞と呼ばれます．

se coucher 寝る	
je *me couche*	nous *nous couchons*
tu *te* *couches*	vous *vous couchez*
il *se* *couche*	ils *se* *couchent*

① 再帰的用法（自分自身が動詞の対象となる場合）

Je ***me couche*** vers vingt-trois heures*. 私は 23 時頃寝ます．

＊時刻の表現については p. 77 を参照のこと．

② 相互的用法（主語が複数のときに，「互いに〜し合う」という意味で用いられる場合）

Ils ***se parlent*** tout le temps. 彼らはいつも話し合っている．

③ 受動的用法（物が主語のときに，受け身的なニュアンスとなる）

Le musée du Louvre ***se trouve*** au bord de la Seine.

ルーヴル美術館はセーヌ河岸にあり（見つけられ）ます．

④ 本質的用法（熟語として用いられる用法）

Elle ***s'intéresse*** à la littérature française. 彼女はフランス文学に興味があります．

［代名動詞直説法複合過去］ 075

助動詞には常に être が用いられ，再帰代名詞の直後に置かれます．

se coucher	
je *me suis* couché(*e*)	nous *nous sommes* couché(*e*)*s*
tu *t'es* couché(*e*)	vous *vous êtes* couché(*e*)(*s*)
il *s'est* couché	ils *se* *sont* couché*s*
elle *s'est* couché*e*	elles *se* *sont* couché*es*

＊p. 66「直接目的語と過去分詞の性数一致」を参照のこと．

Il ***s'est levé*** tôt ce matin. 彼は今朝早く起きました．

Elle ***s'est*** déjà ***réveillée***. 彼女はもう目覚めていますよ．

［代名動詞の否定形］ 076

代名動詞の否定形は，代名詞と動詞を ne と pas で挟みます．また代名動詞複合過去の否定形は，代名詞と助動詞 être の活用を ne と pas で挟みます．

je ***ne*** me couche ***pas***	nous ***ne*** nous couchons ***pas***
tu ***ne*** te couches ***pas***	vous ***ne*** vous couchez ***pas***
il ***ne*** se couche ***pas***	ils ***ne*** se couchent ***pas***

Je ***ne* me couche *pas*** tôt. 私は就寝は早くありません．

Elles ***ne* s'excusent *pas*** d'être en retard. 彼女たちは遅れていることを謝らない．

Il ***ne*** s'est ***pas* couché** tard hier soir. 彼は昨夜，寝るのは遅くなかったです．

Exercices

1 日本語に合うように，（　）内の不定詞を適切な形に活用させなさい．

① Vous (se lever) à quelle heure le week-end ? 週末は何時に起きますか？

② Nous ne (se parler) pas souvent. 私たちは頻繁には話しません．

③ Le bureau de poste (se trouver) derrière ce bâtiment.
郵便局はこの建物の後ろにあります．

④ Lucie (s'intéresser) à la culture japonaise.
ルシーは日本の文化に興味があります．

⑤ Elle (s'appeler) Chloé Simon. 彼女の名前はクロエ・シモンです．

⑥ Je (s'inquiéter) beaucoup. とても心配しています．

2 次の文を訳しなさい．

① Elles se sont couchées tard.
→

② Ils se sont inquiétés pour toi.
→

③ Nous nous sommes levés à cinq heures.
→

④ Elle s'est réveillée très tôt.
→

3 次の文を否定文にしなさい．

① Il s'excuse d'être en retard.
→

② Nous nous intéressons à la musique classique.
→

③ L'université se trouve dans ce quartier.
→

④ Je me suis réveillé tôt ce matin.
→

Conversation modèle

077

Yumi : Allô*1, Gilles. C'est Yumi.

Gilles : Bonjour, Yumi. Je suis devant la station Porte Dauphine. Je te rejoins*2 dans cinq minutes.

Yumi : Désolée, mais je suis encore chez moi. Je viens de me réveiller.

Gilles : Tu es chez toi ? Bon, ce n'est pas grave*3. Je vais travailler à la bibliothèque.

Yumi : Je suis vraiment*4 désolée. Je me suis pourtant*5 couchée à vingt-deux heures pour me réveiller tôt ce matin...

Gilles : Ne t'inquiète pas. Je t'attends à la bibliothèque.

*1 Allô.（電話で）もしもし。 *2 rejoins < rejoindre ~ ~に合流する *3 ce n'est pas grave 大丈夫 / 大したことではない *4 vraiment 本当に *5 pourtant とはいえ / でも

1 上の文章を参考にしながら，**2** 下の語彙も使って，会話練習をしなさい．

A : Allô, Gilles. C'est Yumi.

B : Bonjour, Yumi. Je suis ______ *1.
Je te rejoins dans ______ *2.

A : Désolée, mais je suis encore chez moi. Je viens de me réveiller.

B : Tu es chez toi ? Bon, ce n'est pas grave. Je vais ______ *3.

A : Je suis vraiment désolée. Je me suis pourtant couchée à vingt-deux heures pour me réveiller tôt ce matin...

B : Ne t'inquiète pas. Je t'attends ______ *4.

Vocabulaire

*1 sur le quai du métro 地下鉄のプラットフォームに
à l'arrêt de bus バス停に　près de l'université 大学の近くに
*2 dix minutes 10 分　un quart d'heure 15 分
vingt minutes 20 分　une demi-heure 30 分
*3 prendre un café à la cantine 食堂でコーヒーを飲む
prendre une place pour toi dans la classe 教室できみのために席をとる
*4 à la cantine 食堂で　dans la classe 教室で

Civilisation : フランスの観光名所

フランスは数多くの観光名所を有し，世界遺産の登録数でも常に上位国です．多くの観光客が毎年パリをはじめとするフランス各地を訪れますが，文化的・自然的環境に恵まれているという理由のみで，フランスが観光大国になったわけではありません．長きにわたる政策の成果が，世界有数の観光国というフランスの今日の地位を築いたのです．

フランス国内を訪れてみれば，多くの町の中心に観光案内所が設けられていることに気づくと思います．世界に先駆けて国立の観光案内所を設置したのは，フランスです．観光案内所では，無料の市内地図を配布しており，フランス語以外のパンフレットも用意されていることがほとんどです．その他にもホテルを紹介してくれたり，ときにはタクシーの手配をしてくれることもあるので，フランス国内を訪れるときは，ぜひ観光案内所を利用してみましょう．

078 **1** 音声を聞いて，発音された文にふさわしい絵をAとBから選び□に✔を入れなさい.

① A □

B □

② A □

B □

③ A □

B □

079 **2** 音声を聞いて，発音された代名動詞を下の選択肢から選び，（　）内に適切な形に直して記入しなさい.

① Il (　　　　　　　　　　) beaucoup.

② Elle (　　　　　　　　　　) à minuit.

③ Ils (　　　　　　　　　　) tous les jours.

④ Elles (　　　　　　　　　　) à six heures.

se coucher / se lever / se parler / s'inquiéter

動詞 sortir と partir

080 sortir と partir は活用の語尾が同じで，意味も似ている動詞なので，使い分けに注意しながら覚えましょう．sortir が「出る，出かける，外出する」という意味に対し，partir は「出発する」という意味で用いられます.

sortir（出る / 出かける / 外出する） ＊過去分詞は sorti			
je	***sors***	nous	***sortons***
tu	***sors***	vous	***sortez***
il	***sort***	ils	***sortent***

partir（出発する） ＊過去分詞は parti			
je	***pars***	nous	***partons***
tu	***pars***	vous	***partez***
il	***part***	ils	***partent***

Tu ***sors*** ce soir ?　今晩，出かけるの？

Elles ***sont sorties*** ensemble.　彼女たちは一緒に出かけました.

Vous ***partez*** déjà ?　もう出発なさるのですか？

Notre fille ***partira*** pour la France le mois prochain.　娘は来月フランスへ出発します.

Leçon 10 比較する

強調構文／比較級／最上級

［強調構文］ 081

強調したい箇所を C'est 〜 que で囲います．ただし，主語を強調するときは C'est 〜 qui になります．

Julien donne un cadeau d'anniversaire à sa sœur aujourd'hui.
（Julien：主語／un cadeau d'anniversaire：直接目的語／à sa sœur：間接目的語／aujourd'hui：副詞）

ジュリアンは今日妹に誕生日プレゼントをあげます．

主語を強調 → ***C'est*** **Julien** ***qui*** donne un cadeau d'anniversaire à sa sœur aujourd'hui.
直接目的語を強調 → ***C'est*** **un cadeau d'anniversaire** ***que*** Julien donne à sa sœur aujourd'hui.
間接目的語を強調 → ***C'est*** **à sa sœur** ***que*** Julien donne un cadeau d'anniversaire aujourd'hui.
副詞を強調 → ***C'est*** **aujourd'hui** ***que*** Julien donne un cadeau d'anniversaire à sa sœur.

［比較級］ 082

優等比較では **plus**，同等比較では **aussi**，劣等比較では **moins** を形容詞あるいは副詞の前に置きます．

Suzanne est ***plus*** [***aussi / moins***] grande ***que*** son frère.
スザンヌは彼女の兄［より背が高い / と同じ背の高さ / より背が低い］です．

Je rentre ***plus*** [***aussi / moins***] tôt ***que*** d'habitude ce soir.
今晩はいつも［より早く / と同じくらい早く / より遅く］帰ります．

＊形容詞の bon と副詞の bien は優等比較級だけ，特殊な形になります．
~~plus bon(ne)(s)~~ → meilleur(e)(s)　~~plus bien~~ → mieux（副詞なので，e や s はつきません）

En mathématiques, Cécile est ***meilleure que*** moi. 数学では，私よりセシルのほうが優秀です．
Il chante ***mieux que*** moi. 彼は私よりも歌が上手です．

［最上級］ 083

① **形容詞の最上級**：優等最上級は le [la / les]＋plus，劣等最上級は le [la / les]＋moins を形容詞の前に入れます．「〜の中で」というときは，de を用います．

Ernest est ***le plus*** [***moins***] grand ***de*** notre famille.
エルネストは私たち家族の中で最も背が高い［低い］です．

② **副詞の最上級**：定冠詞はすべて le で統一され，優等最上級では le plus を，劣等最上級では le moins を用います．

Dans ma famille, c'est moi qui rentre ***le plus*** [***moins***] tard.
家族の中で最も遅く［早く］帰宅するのは私です．

Le mont Fuji est ***la plus*** haute montagne ***du*** Japon. 富士山は日本で最も高い山です．
C'est Nathalie qui court ***le plus*** [***moins***] vite ***de*** la classe.
クラスの中で最も速く［遅く］走るのはナタリーです．

＊形容詞の bon と副詞の bien は優等最上級だけ，特殊な形になります．
~~le [la / les] plus bon(ne)(s)~~ → le [la / les] meilleur(e)(s)　~~le plus bien~~ → le mieux

C'est Cécile qui est ***la meilleure*** en mathématiques ***de*** notre classe.
私たちのクラスの中で，最も数学で優秀なのはセシルです．

Dans ta famille, qui parle ***le mieux*** anglais ?
きみの家族の中で，最も上手に英語を話すのは誰ですか？

Exercices

1 次の文を，下線部を強調した強調構文にしなさい．

① Nous regardons <u>un film français</u>.
→

② J'ai rendez-vous <u>avec Guillaume</u> ce soir.
→

③ <u>Madeleine</u> adore les mangas.
→

2 比較級の文になるように，（　）内に適切なフランス語を記入しなさい．

① ポールは彼のお姉さんと同じくらい背が高い．
Paul est (　　　　) grand (　　　　) sa sœur.

② 私のスーツケースはきみのスーツケースより重い．
Ma valise est (　　　　) lourde (　　　　) ta valise.

③ クレマンティーヌはドリスほど速く食べません．
Clémentine mange (　　　　) vite (　　　　) Dorice.

④ 母は私より歌が上手です．
Ma mère chante (　　　　) (　　　　) moi.

⑤ 哲学（の授業）では，トマはナタリーよりも優秀です．
En philosophie, Thomas est (　　　　) (　　　　) Nathalie.

3 最上級の文になるように，（　）内に適切なフランス語を記入しなさい．

① カトリーヌはクラスの中で最も背が高いです．
Catherine est (　　　　) (　　　　) grande (　　　　) la classe.

② 家族の中で最も食べるのが遅いのは兄です．
C'est mon frère qui mange (　　　　) (　　　　) vite (　　　　) la famille.

③ 最も古いのは，この建物です．
C'est ce bâtiment qui est (　　　　) (　　　　) vieux.

④ 僕の考えだと，それが今年一番良い映画だよ．
À mon avis, c'est (　　　　) (　　　　) film de l'année.

⑤ 私のクラスの中で，最も上手にフランス語を話すのは美佳です．
Dans ma classe, c'est Mika qui parle (　　　　) (　　　　) français.

おもな副詞

084

副詞は動詞を修飾するために，通常は動詞の直後に置かれます．会話でよく用いられる副詞には次のようなものがあります．

beaucoup 大いに　bien 上手に　enfin ついに　ensuite 次に　lentement ゆっくり
longtemps 長い間　maintenant 今　parfois ときおり　souvent 頻繁に　tard 遅く　tôt 早く
toujours いつも / 常に　vite 速く / 急いで　vraiment 本当に

Conversation modèle

085

Aki : Tu es le plus grand de ta famille ?

Fabien : Non, au contraire*1, je suis le moins grand de ma famille.

Aki : Ce n'est pas possible*2 ! Pourtant*3, tu es très grand !

Fabien : Mes parents sont plus grands que moi. Et chez toi ?

Aki : C'est mon frère qui est le plus grand.

*1 au contraire 反対に　*2 Ce n'est pas possible ! あり得ない！まさか！　*3 pourtant とは言え

上の文章を参考にしながら，下の語彙も使って，会話練習をしなさい．

A : Tu es ＿＿＿＿ *1 de ＿＿＿＿ *2 ?

B : Non, au contraire, je suis ＿＿＿＿ *3 de ＿＿＿＿ *4.

A : Ce n'est pas possible ! Pourtant, tu es très ＿＿＿＿ *5 !

B : ＿＿＿＿ *6 sont plus ＿＿＿＿ *7 que moi. Et toi ?

A : C'est moi qui suis ＿＿＿＿ *1/*3 de ＿＿＿＿ *4.

Vocabulaire

*1 le [la] plus grand(e) 最も背が高い　le [la] plus intelligent(e) 最も頭が良い
le [la] plus gai(e) 最も陽気な　le [la] plus travailleur(-se) 最も勤勉な
*2 ta classe きみのクラス　tes ami(e)s きみの友だち　ton école きみの学校
*3 le [la] moins grand(e) 最も背が低い　le [la] moins intelligent(e) 最も頭が悪い
le [la] moins gai(e) 最も陽気でない　le [la] moins travailleur(-se) 最も不真面目な
*4 ma classe 私のクラス　mes ami(e)s 私の友だち　mon école 私の学校
*5 grand(e)　intelligent(e)　gai(e)　travailleur(-se)
*6 Mes camarades de classe 私のクラスメートたち　Mes ami(e)s 私の友だち
*7 grand(e)s　intelligent(e)s　gai(e)s　travailleur(-se)s

動詞 connaître と savoir

086

connaître と savoir のどちらも「～を知っている」という意味になりますが，経験から得られる事柄を知っている場合には connaître が，知識や能力によって得られる事柄に対しては savoir が用いられます．また後ろに不定詞や節をとることができるのは savoir だけです．

connaître（～を知る）＊過去分詞は connu			
je	*connais*	nous	*connaissons*
tu	*connais*	vous	*connaissez*
il	*connaît*	ils	*connaissent*

savoir（～を知る）＊過去分詞は su			
je	*sais*	nous	*savons*
tu	*sais*	vous	*savez*
il	*sait*	ils	*savent*

Je *connais* ton frère.　きみのお兄さんを知ってるよ．

Il *sait* tout.　彼は何でも知っています．

Elle *sait* nager.　彼女は泳げます．

Elles *savent* que tu es parti en Angleterre.　彼女たちはきみがイギリスへ発ったことを知っています．

087 **1** 音声を聞いて，発音された文にふさわしい絵をAとBから選び□に✔を入れなさい．

① A □

B □

② A □

B □

③ A □

B □

088 **2** 音声を聞いて，bon または bien を適切な形にして，（　）内に記入しなさい．

① Paul est (　　　　　　　　　　) en philosophie de nous tous.

② Marie chante (　　　　　　　　　　) que nous.

③ Il parle (　　　　　　　　　　) italien que toi.

④ C'est Madeleine qui est (　　　　　　　　　　) de la classe.

⑤ C'est Julie qui comprend (　　　　　　　　　　) la situation.

Civilisation : コスモポリタンなパリ

パリは「人種のるつぼ」という表現がぴったりの国際都市です．3区と4区の辺りにあるマレ地区には多くのユダヤ人が住んでいて，ユダヤ教の会堂であるシナゴーグもあり，コロッケに似たファラフェルのテイクアウト店が軒を連ねています．イスラム教を信仰する北アフリカ出身のアラブ系の人口も多く，5区には大モスクやアラブ世界研究所があります．10区にはインド・パキスタン系が多く居住していて，13区にはチャイナタウンが形成されています．中華料理店ばかりでなく，旧植民地の1つであるベトナムの料理を提供するレストランも多く，米粉の麺を使ったフォーが食べられます．18区にはアフリカ系の移民やその2世・3世が多く住んでいて，日本人の口にも合うチェブジェン（魚や野菜を煮た煮汁で炊いたセネガルの米料理）を提供するレストランなどもあります．このようにパリの街には多くの移民や外国人が住んでいるので共生は容易ではありませんが，多様な背景をもった人々が，万感の思いを胸に暮らしているのです．

Leçon 11 経験

直説法半過去／中性代名詞

［直説法半過去］ 089

過去のある時点において継続していた行為や繰り返された行為，あるいは習慣などを表現します．また従属節中で，時制の一致のために使われることもあります．活用は，être 以外は直説法現在の nous の活用から ons を取ったものを語幹とし，語尾はすべての動詞に共通です．

je *–ais*	nous *–ions*
tu *–ais*	vous *–iez*
il *–ait*	ils *–aient*

avoir	
j'av*ais*	nous av*ions*
tu av*ais*	vous av*iez*
il av*ait*	ils av*aient*

être	
j'ét*ais*	nous ét*ions*
tu ét*ais*	vous ét*iez*
il ét*ait*	ils ét*aient*

J'***avais*** dix ans en 2000. 2000 年には 10 歳でした．（過去の状態）

Mes enfants ***regardaient*** la télé quand je suis rentrée.
帰宅したとき，子どもたちはテレビを見ていました．（過去進行形）

Quand j'étais à Paris, je ***sortais*** avec mes amis tous les vendredis soir.
パリに住んでいたとき，金曜日の晩はいつも友だちと外出したものです．（過去の習慣）

Ma mère m'a dit qu'elle ***était*** fatiguée. 母は，疲れていると私に言いました．（時制の一致）

［中性代名詞］ 動詞の直前に置かれます． 090

1 en

① 前置詞 de＋名詞 の代名詞化

Il parle souvent ***de la France*** ? — Oui, il ***en*** parle toujours. 彼はよくフランスのことを話題にしていますか？—ええ，いつも話しています． ＊否定文では Il ***n'***en parle ***pas***. となります．

② 不定冠詞や部分冠詞＋名詞 の代名詞化

Tu as ***des amis*** à Paris ? — Non, je n'***en*** ai pas. パリに友だちはいるの？—いや，いないんだ．

Vous mangez ***du poisson cru*** ? — Oui, j'***en*** mange. 生魚は食べますか？—はい，食べます．

③ 数量の表現とともに

Vous avez ***des frères*** ? — Oui, j'***en*** ai deux. ご兄弟はいますか？—はい，2 人います．

2 y

① 場所を表す前置詞＋場所 の代名詞化

Vous êtes allés ***en France*** cet été ? — Non, nous n'***y*** sommes pas allés.
あなたがたはこの夏フランスに行きましたか？—いいえ，行きませんでした．

② à＋名詞 の代名詞化

Tu penses ***à l'entretien*** ? — Oui, j'***y*** pense. 面接のことを考えているの？—うん，そうなんだ．

3 le

en や y は，アンシェヌマンやリエゾンまたはエリズィヨンを起こすので，発音する時や聞きとる際には注意が必要です．

① 属詞を受ける

Tu es ***fatiguée*** ? — Non, je ne ***le*** suis pas. 疲れているの？—いいえ，そんなことないわ．

② que＋主語＋動詞 などの節を受ける

Elle sait ***qu'ils vont se marier***. 彼女は彼らが結婚することを知っています．

→ Elle ***le*** sait.

Exercices

1 ( ) 内の不定詞を半過去形にしなさい.

① Ma fille (avoir) dix ans en 2020.

② Nous (sortir) tout le temps ensemble.

③ J'(être) en France l'an dernier.

④ Mon fils (écouter) de la musique quand je suis rentrée à la maison.

⑤ Tu ne le (savoir) pas ?

2 次の文の下線部を中性代名詞に直して, 全文を書き換えなさい.

① Elle parle de son université.
→

② Demain, je vais à l'école.
→

③ Il sait que sa fille a eu une mauvaise note.
→

3 次の疑問文に対する答えとなるように, [ ] 内の単語を並べ替え, 適切な文にしなさい.

① Est-ce que vous avez des frères ? — Oui, [ai / en / j' / un].
→

② Est-ce que vous êtes triste ? — Non, [je / le / ne / pas / suis].
→

③ Elle sait que tu vas aux États-Unis ? — Non, [elle / le / ne / pas / sait].
→

動詞 dire

091 dire は英語の say と似ていて,「～を言う」という意味ですが, 命令法の形で dis / dites などが単独で用いられると「ねえねえ」という呼びかけの意味で用いられることもあります.

dire (～を言う) ＊過去分詞は dit			
je	*dis*	nous	*disons*
tu	*dis*	vous	*dites*
il	*dit*	ils	*disent*

Pierre *dit* qu'il ne savait rien de notre projet.
ピエールは, 私たちの計画については何も知らなかったと言っている.

Dites bonjour à vos parents. ご両親によろしくお伝えください.

Dis-moi, qu'est-ce que tu veux pour ton anniversaire ? ねえ, 誕生日には何が欲しいの?

Il n'*a* rien *dit*. 彼は何も言わなかった.

Conversation modèle 

092

Charlotte : J'étais au Japon en 2016, tu sais*1.

Ichiro : C'est vrai*2 ? Je ne le savais pas. Tu travaillais au Japon ?

Charlotte : Non, j'étais étudiante à l'Université de Hokkaido.

Ichiro : Tu connais donc*3 la ville*4 de Sapporo ?

Charlotte : Oui, je la connais assez*5 bien. J'y ai habité pendant un an. J'ai beaucoup aimé cette ville.

*1 tu sais じつはね　*2 vrai 本当に　*3 donc それなら　*4 ville 囡 町　*5 assez かなり

上の文章を参考にしながら，下の語彙も使って会話練習をしなさい．

A : J'étais [　　　　]*1 en 2016, tu sais.

B : C'est vrai ? Je ne le savais pas. Tu travaillais [　　　　]*1 ?

A : Non, j'étais étudiant(e) à [　　　　]*2.

B : Tu connais donc la ville [　　　　]*3 ?

A : Oui, je la connais assez bien. J'y ai habité pendant [　　　　]*4.
J'ai beaucoup aimé cette ville.

Vocabulaire

*1 en France フランスに　en Angleterre イギリスに　aux États-Unis アメリカ合衆国に
*2 la Sorbonne ソルボンヌ大学　l'Université d'Oxford オックスフォード大学
l'Université Harvard ハーバード大学
*3 de Paris パリの　d'Oxford オックスフォードの　de Boston ボストンの
*4 six mois 6か月　un an et demi 1年半　deux ans 2年

動詞 mettre

mettre は英語の put と似ていて，「～を置く」という意味ですが，「～を身につける」という意味でも用いられます．

mettre（～を置く / ～を身につける）　＊過去分詞は mis	
je ***mets***	nous ***mettons***
tu ***mets***	vous ***mettez***
il ***met***	ils ***mettent***

Mettez ce paquet sur la table, s'il vous plaît.　その小包をテーブルの上に置いてください．

Je ne vois rien si je ne ***mets*** pas mes lunettes.　眼鏡をかけないと，何も見えません．

094 **1** (　) 内の不定詞は，複合過去形か半過去形のどちらかで発音されています．音声を聞いて，発音された通りに記入しなさい．

① J'(avoir) quinze ans en 2021.　＿＿＿＿＿＿

② Elle (écouter) la radio pendant deux heures.　＿＿＿＿＿＿

③ Tu (être) au Japon l'année dernière ?　＿＿＿＿＿＿

④ Ils (sortir) ensemble.　＿＿＿＿＿＿

⑤ Vous le (savoir) ?　＿＿＿＿＿＿

095 **2** 音声を聞いて，(　) 内に発音された中性代名詞を記入しなさい．

① Tu sais que Vincent va rentrer en France ?
— Oui, je (　　　) sais.

② Qui prend du vin ? — Moi, je vais (　　　) prendre, merci.

③ Vous allez en Italie le mois prochain ?
— Oui, j'(　　　) vais avec ma mère.

Civilisation : ソルボンヌ大学

フランスの大学と聞いて最初に思い浮かべるのはソルボンヌ大学ではないかと思います．イタリアのボローニャ大学，イギリスのオックスフォード大学と並び，ヨーロッパでも 1，2 を争う最古の歴史を有する大学で，その歴史は 12 世紀まで遡ります．

ソルボンヌ大学と言っても，じつは何校かあります．パリとその近郊に位置するパリ大学と総称される計 13 の大学の中で，第 1，第 3，第 4 大学がソルボンヌ大学と呼ばれています．有名なのは，法学や歴史学，哲学，政治学などの学部が集まるパリ第 1 大学 (通称パンテオン=ソルボンヌ) と，文学部を擁するパリ第 4 大学 (通称パリ=ソルボンヌ) です．

どちらもカルチエ・ラタン (Quartier latin) というセーヌ河左岸の地区にあります．フランス語でカルチエは「地区・界隈」を表し，ラタンは形容詞で「ラテン語の」という意味です．古くから大学が存在していたカルチエ・ラタン地区では，当時学問をするのに必要不可欠だった「ラテン語」で学生が会話をしていたため，このような名前で呼ばれるようになりました．現在もなお学生の街として，若者の懐に優しく，リーズナブルでボリューム満点の料理を提供するレストランが，所狭しと並んでいます．

Leçon 12 天候／時間

非人称構文／特殊な形容詞

［非人称構文］ 096

天気・気候・時間などを表すときに，形式的に il を主語に立てて用いられる構文のことを指します．

① 天候 / 気候　Quel temps ***fait-il*** ?　どんな天気ですか？

Il fait beau [mauvais] aujourd'hui.　今日は天気がいい［悪い］ですね．

Il fait très chaud cet été.　今年の夏はとても暑いです．

Il fait froid ce matin.　今朝は寒いですね．

Il pleut toute la journée.　一日中雨が降っています．

Il neige beaucoup cet hiver.　今年の冬は雪がたくさん降ります．

② 時間　Quelle heure ***est-il*** ? — ***Il est*** une heure de l'après-midi.　何時ですか？—午後 1 時です．

③ Il y a ～.　***Il y a*** beaucoup d'enfants dans la piscine.　プールには子どもたちがたくさんいます．

Qu'est-ce qu'***il y a*** ?　どうしたの（何があったの）？

④ Il faut ～.　***Il faut*** vite finir ce travail.　急いでこの仕事を終えなくてはいけません．

Il faut une clé pour entrer dans cette salle.　この教室に入るためには鍵が必要です．

⑤ Il est ～ de ….　***Il est*** important ***de*** s'entraîner tous les jours.　毎日トレーニングをすることが大切です．

［特殊な形容詞］ 097

形容詞は名詞に合わせ，女性形なら e を，複数形なら s をつけて性数一致をさせますが，もともと e や s で終わる形容詞には性数一致の e や s をつける必要はありません．ただし以下のように例外的な変化をする形容詞があるので，注意しましょう．

① 女性形

-er → -ère : cher → chère 高い，愛しい

語末の子音字を重ねる : bon → bonne 良い / ancien → ancienne 古い / réel → réelle 現実の / gros → grosse 太い

-f → -v : neuf → neuve 新しい

-x → -se : heureux → heureuse 幸福な

その他 : long → longue 長い / blanc → blanche 白い / beau → belle 美しい / vieux → vieille 古い / nouveau → nouvelle 新しい

② 複数形

語末が x で終わるものは，複数形もそのまま : heureux → heureux 幸福な

語末が -au, -eu, -eau で終わるものは，x をつける : nouveau → nouveaux 新しい

語末が -al で終わるものは多くの場合，-aux にする : original → originaux オリジナルの，元の

Exercices

1 日本語に合うように単語を並べ替え，文頭は大文字にして，適切な文にしなさい．

① 17 時です．[dix-sept / est / heures / il].

→

② 今日の午後は勉強しないといけません．[après-midi / cet / étudier / faut / il].

→

③ 私のパソコンの中にファイルがあります．
[a / dans / des / fichiers / il / mon / ordinateur / y].

→

④ パリは晴れています．[à / beau / fait / il / Paris].

→

⑤ 沖縄では一日中雨が降っています．[à / il / journée / la / Okinawa / pleut / toute].

→

⑥ 毎日練習することが大切です．
[de / des / est / exercices / faire / il / important / jours / les / tous].

→

2 （　）内の形容詞を適切な形にしなさい．

① C'est une (bon) nouvelle.
それは良い知らせですね．

② Elles sont (heureux) de vous rencontrer.
彼女たちはあなたにお会いできるのを喜んでいます．

③ Il achète une (beau) voiture (blanc).
彼は美しい白色の車を購入します．

④ J'ai apporté mes (nouveau) manuels.
私は新しい教科書を持ってきました．

数字の読み方

098 数字の後に，母音または無音の h で始まる名詞が続く場合は，アンシェヌマンまたはリエゾンが起こります．

1 : une［ユヌ］→ une heure［ユヌール］	2 : deux［ドゥ］→ deux heures［ドゥズール］
3 : trois［トロワ］→ trois amis［トロワザミ］	4 : quatre［カトル］→ quatre amis［カトラミ］
5 : cinq［サンク］→ cinq étudiants［サンケチュディアン］	6 : six［スィス］→ six étudiants［スィゼチュディアン］
7 : sept［セットゥ］→ sept hommes［セトム］	8 : huit［ユィットゥ］→ huit hommes［ユィトム］
9 : neuf［ヌフ］→ neuf ans［ヌヴァン］	10 : dix［ディス］→ dix ans［ディザン］
11 : onze［オンズ］→ onze euros［オンズーロ］	12 : douze［ドゥーズ］→ douze euros［ドゥーズーロ］

色に関する形容詞

099

blanc(he) 白い	noir(e) 黒い	rouge 赤い	bleu(e) 青い	jaune 黄色い
orange オレンジ色の	vert(e) 緑色の	rose ピンク色の	violet(te) 紫色の	
beige ベージュ色の	bleu clair（無変化）水色の		vert foncé（無変化）深緑色の	

これらの形容詞（男性形）の前に le (l') をつけると，名詞になります． J'aime le bleu. 青色が好きです．

Conversation modèle

100

Miki : Quelle heure est-il ?

Arthur : Il est dix-huit heures.

Miki : Ce n'est pas vrai !

Arthur : Qu'est-ce qu'il y a ?

Miki : Je travaille ce soir. Je donne un cours particulier*1.

Arthur : Alors, il faut te dépêcher*2 !

*1 cours particulier 男 個人レッスン（家庭教師）　*2 te dépêcher ＜se dépêcher 急ぐ

上の文章を参考にしながら，下の語彙も使って会話練習をしなさい．

A : Quelle heure est-il ?

B : Il est ＿＿＿＿＿*1.

A : Ce n'est pas vrai !

B : Qu'est-ce qu'il y a ?

A : Je travaille ＿＿＿＿＿*2. Je ＿＿＿＿＿*3.

B : Alors, il faut te dépêcher !

Vocabulaire

*1 treize heures 13 時　quatorze heures 14 時　quinze heures 15 時
seize heures 16 時　dix-sept heures 17 時

*2 cet après-midi 今日の午後

*3 fais l'accueil dans un centre sportif スポーツセンターの受付けをする
fais la vaisselle dans un restaurant レストランの皿洗いをする

動詞 acheter

101

acheter は「買う」という意味を持つ -er 動詞です．しかし発音との関係で，e にアクサン・グラーヴが必要となる活用形があります．

acheter（買う）		＊過去分詞は acheté	
j'	*achète*	nous	*achetons*
tu	*achètes*	vous	*achetez*
il	*achète*	ils	*achètent*

Elle *achète* une baguette.　彼女はバゲットを 1 本買います．

Ils *ont acheté* une grande maison.　彼らは大きな家を購入しました．

発音のポイント

Il faut ～. と Il fait ～. は音もつづりも似ていて，書き分けも聞き分けも難しいです．しかし au の音が［オ］，ai の音が［エ］であることを覚えれば，書き取りも聞き取りも簡単になります．

たとえば日本語にもなっているカフェオレはフランス語で café au lait と書きます．c は直後に a がくると，カ行の発音になりました．é の発音は［エ］です．au は前置詞 à と定冠詞 le の縮約形で，［オ］と発音しましたね．lait「牛乳」は最後の子音字 t を読まずに，ai を［エ］と発音しますから，まさしく［カフェオレ］となるのです．

102 **1** 音声を聞いて，発音された文にふさわしい答えを，下の選択肢から選びなさい．

① ______________________________

② ______________________________

③ ______________________________

④ ______________________________

⑤ ______________________________

Il est dix-sept heures. / Il est étudiant. /
Non, il ne fera pas chaud demain. /
Oui, il faut revenir demain. / Oui, il y a un restaurant indien.

103 **2** 音声を聞いて，発音された形容詞を下の選択肢から選び，（ ）内に適切な形に直して記入しなさい．

① C'est une ( ) histoire.

② Il y a de ( ) boulangeries dans ce quartier.

③ Ils habitent dans une ( ) maison.

④ La vie est ( ) à New York.

⑤ Nous aurons une ( ) vue sur la terrasse.

beau / bon / cher / long / vieux

Civilisation : フランスの地方

フランスの地形は日本のように南北に長くありませんが，大陸性気候を持つ内陸部，海洋性気候の大西洋側，そして地中海性気候の地中海地域など，さまざまな自然環境によって地方ごとにバラエティーに富む風土を有し，多様な文化と歴史を築いてきました．一年を通して気候の穏やかな地中海に面する南仏と，内陸に位置するサヴォワ地方，そして大西洋側のブルターニュ地方では，食文化や街の雰囲気も大きく異なります．冬でも太陽が注ぐ温暖な気候で有名な南仏では，野菜や果物が豊富に収穫されます．トマトを中心とした野菜の煮込み料理であるラタトゥイユは南仏料理の定番です．内陸のサヴォワ地方は酪農が盛んなため，チーズなどの乳製品の生産が有名です．北西に位置する大西洋に面したブルターニュ地方では，土壌がブドウ栽培に適さなかったためにワインが造れずに，シードルというリンゴ酒が造られています．また同じ理由から小麦粉が収穫できず，代わりにそば粉が生産されていました．そば粉を使ったクレープであるガレットはブルターニュの郷土料理となっています．

Leçon 13 提案する

関係代名詞／条件法現在

［関係代名詞］ 104

1 **qui**：関係詞節の中で主語となる語句が先行詞である場合

Elle prend **l'avion**. ***Il*** part à treize heures. → Elle prend l'avion ***qui*** part à treize heures. 彼女は13時発の飛行機に乗ります.

2 **que**：関係詞節の中で直接目的語となる語句が先行詞である場合

Je verrai **le film**. Tu m'as recommandé ***ce film***. → Je verrai le film ***que*** tu m'as recommandé. きみが勧めてくれた映画を見るよ.

3 **dont**：de＋名詞 をまとめて，関係代名詞にする場合

(deには英語のofの意味もあるので，whoseのように使われることもあります)

Nous allons à **ce concert**. On parle beaucoup ***de ce concert***. → Nous allons à ce concert ***dont*** on parle beaucoup.

私たちはみんなが大いに話題にしているそのコンサートに行きます.

Il a **un ami**. Le père ***de cet ami*** est journaliste. → Il a un ami ***dont*** le père est journaliste. 彼は，父親がジャーナリストの友だちがいる.

4 **où**：関係詞節の中で，時や場所を示す副詞句の働きをする語句が先行詞である場合

(英語では時と場所でwhenとwhereの使い分けをしますが，フランス語ではどちらもoùを使います)

Ils vont dans un restaurant ***où*** le poisson est excellent.

彼らは魚料理が絶品のレストランへ行きます.

Il est venu me voir au moment ***où*** je sortais.

出かけようとしていた時に，彼が私に会いに来た.

［条件法現在］ 105

語幹は単純未来と同じで，語尾はr＋直説法半過去の語尾です.

je	*–rais*	nous	*–rions*
tu	*–rais*	vous	*–riez*
il	*–rait*	ils	*–raient*

aller			
j'i*rais*		nous	i*rions*
tu	i*rais*	vous	i*riez*
il	i*rait*	ils	i*raient*

avoir			
j'au*rais*		nous	au*rions*
tu	au*rais*	vous	au*riez*
il	au*rait*	ils	au*raient*

être			
je	se*rais*	nous	se*rions*
tu	se*rais*	vous	se*riez*
il	se*rait*	ils	se*raient*

① 現実と相反する仮定を述べるとき：Si＋主語＋直説法半過去, 主語＋条件法現在

Si je n'avais pas de travail ce soir, j'***irais*** au concert avec toi.

もし今晩仕事が無かったら，きみとコンサートに行けるのに.

② 語調緩和

Je ***voudrais*** cette montre, s'il vous plaît. この腕時計が欲しいのですが.

1 日本語に合うように，（　）内に適切な関係代名詞を記入しなさい．

① Anne a un oncle (　　　　) habite au Japon depuis 1990 (mille neuf cent quatre-vingt-dix).
アンヌには，1990年から日本に住んでいるおじがいます．

② Elle a une amie (　　　　) le père est médecin.
彼女には，お父さんが医者の友だちがいます．

③ Cet hiver, je visiterai le village (　　　　) ses parents habitent.
今年の冬，彼の両親が住む村を訪れます．

④ Nous verrons le film (　　　　) il m'a recommandé.
私たちは，彼が私に勧めてくれた映画を見ます．

⑤ Avec mes enfants, j'irai au cirque (　　　　) on parle souvent.
子どもと一緒に，みんながよく話題にしているサーカスへ行くつもりです．

⑥ Demain soir, nous nous verrons dans le restaurant (　　　　) est en face de la station Odéon.
明日の晩，オデオン駅の正面にあるレストランで会いましょう．

2 （　）内の不定詞を条件法現在形に変えなさい．

① S'il ne travaillait pas aujourd'hui, il (aller) à l'hôpital.
もし今日仕事が無かったら，彼は病院へ行くのだが．

② Je (vouloir) du café.
コーヒーを頂きたいのですが．

③ J'(aimer) plutôt rester à la maison.
できれば，家にいたいのですが．

④ Si tu étais plus sérieux, elle (avoir) confiance en toi.
もしきみがもっと真面目だったら，彼女はきみを信頼するだろうに．

⑤ Si vous étiez ici, il (être) plus heureux.
もしあなたがここにいたら，彼はもっと幸福だろうに．

動詞 lire と écrire

106

lire（読書をする / ～を読む） ＊過去分詞は lu			
je	*lis*	nous	*lisons*
tu	*lis*	vous	*lisez*
il	*lit*	ils	*lisent*

écrire（～を書く） ＊過去分詞は écrit			
j'	*écris*	nous	*écrivons*
tu	*écris*	vous	*écrivez*
il	*écrit*	ils	*écrivent*

Mon père *lit* le journal sur son portable. 父は携帯で新聞を読みます．
Elle *écrit* un poème. 彼女は詩を書きます．

Conversation modèle 

107

Gaston : Tu ne viens pas avec nous ce soir ?

Tomoko : J'aimerais sortir avec vous, mais j'ai rendez-vous avec ma directrice*1. Elle nous a invité(e)s à un pot*2 chez elle ce soir. À ton avis*3, qu'est-ce que je devrais lui apporter ?

Gaston : Si j'étais toi, j'apporterais des chocolats au thé vert*4.

Tomoko : C'est une bonne idée*5. Tu connais un bon chocolatier*6 qui se trouve près d'ici ?

Gaston : Oui, j'en connais un. Si tu continues dans cette rue, tu le trouveras.

*1 directrice（女性の）指導教授．男性形は directeur.　*2 pot 男 夕食前に人を招いて，おつまみとアペリティフ（食前酒）などで行う軽食会．*3 à ton avis きみの意見では　*4 男 chocolats au thé vert 抹茶チョコレート　*5 bonne idée 女 良いアイデア　*6 chocolatier 男 チョコレート店

上の文章を参考にしながら，下の語彙も使って会話練習をしなさい．

A : Tu ne viens pas avec nous [　　　] *1 ?

B : J'aimerais sortir avec vous, mais j'ai rendez-vous avec [　　　] .*2
Il [Elle] nous a invité(e)s à un pot chez lui [elle] [　　　] *1.
À ton avis, qu'est-ce que je devrais lui apporter ?

A : Si j'étais toi, j'apporterais [　　　] *3.

B : C'est une bonne idée. Tu connais [　　　] *4 qui se trouve près d'ici ?

A : Oui, j'en connais un(e). Si tu continues dans cette rue, tu le [la] trouveras.

Vocabulaire

*1 demain soir 明日の晩　ce vendredi 今週の金曜日　ce samedi 今週の土曜日
ce dimanche 今週の日曜日　le week-end prochain 来週の週末
*2 mon directeur 課長 / 指導教授　mon [ma] collègue 同僚
*3 un bouquet de roses バラの花束　un gâteau au chocolat チョコレートケーキ
une tarte aux pommes リンゴのタルト　une bouteille de vin ワイン 1 瓶
une bouteille de saké 日本酒 1 瓶
*4 un fleuriste 花屋　une pâtisserie ケーキ屋　un caviste 酒屋

直接目的語と過去分詞の性数一致

9 課で代名動詞直説法複合過去を学習した際，現在形の文 Elles se couchent. を複合過去形にすると，Elles se sont couch*ées*. となることを学びました．これは，動詞に先行する再帰代名詞が直接目的語（彼女たち）であるために，過去分詞に性数の一致が起こったからです．

関係代名詞を用いた文においても，先行詞が関係詞節のなかで直接目的語である場合は，過去分詞を性数一致させます．たとえば J'ai pris des photos. を使った関係代名詞の文では Je te montrerai les photos que j'ai pris*es*. のように，他動詞 prendre の過去分詞である pris を photos（女性複数形）に合わせて性数一致させます．

108 **1** 音声を聞いて，（ ）内に発音された単語を書き取りなさい．

① J'ai une ( ) ( ) ( ) à Paris.

② Nous ( ) l'opéra ( ) ( ) m'as recommandé.

③ Ils ( ) l'avion ( ) ( ) à quatorze heures.

④ Elle ( ) le village ( ) ( ) grands-parents habitent.

⑤ Il a un ami ( ) ( ) ( ) est musicien.

109 **2** 音声を聞いて，発音された動詞を下の選択肢から選び，（ ）内に適切な条件法現在形に直して記入しなさい．

① Je ( ) du vin blanc, s'il te plaît.

② À ma place, tu ( ) au Canada toute seule ?

③ Si j'étais toi, je n'( ) plus confiance en Jeanne.

④ Nous ( ) rester avec vous.

⑤ Si j'avais de l'argent, je ( ) en France en juillet.

aimer / aller / avoir / vouloir / voyager

条件法過去

110 過去における非現実の仮定を述べるときに使います．形は avoir / être の条件法現在＋過去分詞（助動詞 être を使う場合には，過去分詞は性数一致する）となります．

Si nous étions partis* un peu plus tôt, nous n'***aurions*** pas ***raté*** l'avion.

もしもう少し早く出かけていたら，飛行機に乗り遅れなかったのに．

* étions partis は直説法大過去．直説法大過去については p. 79 を参照のこと．

Civilisation : フランス流おもてなし

フランスでは日本に比べ，人を家に招待することが多く，また招かれることもよくあります．キャビアやフォアグラなどの高級食材は，クリスマスの晩餐など特別な機会には振る舞われますが，ふだん人を招くときにはシンプルな具材を使った家庭料理が出されます．料理はすべて手料理で，マルシェなどで手に入った旬の食材が用いられます．お金ではなく，手間暇をかけて準備された料理で人を歓待するのが，フランス流おもてなしなのです．

多くの女性が就業しているフランスでは，スーパーの惣菜や冷凍食品で手軽に食事を済ませる家庭が多いため，手料理は貴重なご馳走と考えられています．とは言え，毎回手料理を用意して人を招くのは大変です．夕食前の時間帯に食前酒などのアルコールとおつまみなどでもてなす「pot」と呼ばれる軽食会も，よく開かれています．

Leçon 14 喜怒哀楽

接続法現在／接続法過去／現在分詞／ジェロンディフ

［接続法現在］ 111

主節の動詞が願望，疑い，命令，強い感情などを表すときには，従属節（que＋主語＋動詞）の中の動詞が接続法になります．語尾は avoir と être 以外はすべての動詞に共通です．

je	*–e*	nous	*–ions*
tu	*–es*	vous	*–iez*
il	*–e*	ils	*–ent*

passer	
que je pass*e*	que nous pass*ions*
que tu pass*es*	que vous pass*iez*
qu'il pass*e*	qu'ils pass*ent*

être	
que je ***sois***	que nous ***soyons***
que tu ***sois***	que vous ***soyez***
qu'il ***soit***	qu'ils ***soient***

avoir	
que j'***aie***	que nous ***ayons***
que tu ***aies***	que vous ***ayez***
qu'il ***ait***	qu'ils ***aient***

faire, savoir, pouvoir などの例外を除いて，語幹は je / tu / il / elle / ils / elles では直説法現在形の ils から -ent を除いたものが，nous / vous では直説法現在形の nous から -ons を除いたものが語幹として使われます．

① 願望：Je **souhaite que** vous ***passiez*** de bonnes vacances.
良いバカンスを過ごされますように．

② 疑い：Je **ne crois pas qu'**il ***soit*** malade. 彼が病気とは思えません．

③ 命令：**Il faut que** tu ***aies*** confiance en toi. 自分に自信を持たないといけないよ．

④ 強い感情：Mes parents **sont heureux que** je ***me marie*** avec mon fiancé l'année prochaine. 両親は，私が来年フィアンセと結婚することを嬉しく思っています．

［接続法過去］ 112

主節で願望，疑い，命令，強い感情などを表す現在形の動詞が用いられたときに，従属節の内容が過去の出来事の場合は，接続法過去を用います．形は **avoir / être の接続法現在＋過去分詞**（助動詞 être を使う場合には，過去分詞は性数一致する）となります．

Je **ne crois pas qu'**il ***ait appelé*** le directeur. 彼が課長に電話したとは思いません．

［現在分詞］ 113

現在分詞は，形容詞のような働きをします．直説法現在形 nous の活用語尾 ons を ant に置き換えて作ります．＊例外 être → étant / avoir → ayant / savoir → sachant

J'ai rencontré Marie ***sortant*** de la banque.
私は，銀行から出てきたマリーに会いました．＊sortant は sortir の現在分詞で，Marie を修飾．

［ジェロンディフ］ 114

en＋現在分詞 の形で，同時性，条件，譲歩などを表す副詞句として使われます．

① 同時性：Mon frère fait du jogging ***en écoutant*** de la musique.
弟は音楽を聞きながら，ジョギングをします．

② 条件：***En prenant*** l'autobus, tu arriveras à l'heure.
路線バスに乗れば，時間通り（遅れず）に着けるよ．

③ 譲歩：Il a accepté d'aller au cinéma avec elle, ***tout en ayant*** envie d'aller au théâtre.
彼は（本当は）演劇を見に行きたいのだが，彼女と映画に行くことにした．

1 （　）内の不定詞を接続法にしなさい．

① Je souhaite que vous (passer) de bonnes fêtes de fin d'année.

② Nous sommes contents que tu (être) avec nous ce soir.

③ Ma mère veut que je (rentrer) avant dix-neuf heures.

④ Il faut que nous (terminer) ce travail avant demain.

⑤ Elle souhaite que vous (avoir) un peu plus de courage.

⑥ Je ne crois pas que mon frère (se lever) tôt demain matin.

2 下線部をジェロンディフを使った表現に直して，全体を１つの文に書き換えなさい．

① Je prends mon petit-déjeuner. Je regarde la télé.
テレビを見ながら，朝食をとります．
→

② Ils discutent. Ils prennent un café.
彼らはコーヒーを飲みながら，話し合っています．
→

③ Si vous marchez vite, vous arriverez au musée dans dix minutes.
急いで歩けば，美術館には 10 分で着きますよ．
→

動詞 croire

115 croire は「〜を信じている，〜だと思う」という意味の動詞です．名詞だけではなく，que 節を導くこともできます．

croire（〜を信じている / 〜だと思う）＊過去分詞は cru			
je	*crois*	nous	*croyons*
tu	*crois*	vous	*croyez*
il	*croit*	ils	*croient*

Je *crois* qu'elle dit la vérité. 私は，彼女が本当のことを言っていると思います．
Vous ne le *croyez* pas ? あなたはそのことを信じていないのですか？
Mon père *croyait* cette rumeur. 父はそのうわさを信じていました．

Conversation modèle

116

Adila : Ça me fait plaisir que*1 tu viennes visiter Bordeaux avec moi.

Shun : Moi aussi, je suis très content. Il faut que nous prenions le train de neuf heures trente ?

Adila : Oui, c'est ça*2.

Shun : Nous allons mettre combien de temps ?

Adila : Le train arrivera à Bordeaux vers midi et demi. On met donc environ*3 trois heures. En prenant un taxi à la gare*4, nous arriverons chez mes parents avant treize heures.

*1 ça me fait plaisir que ~ ～して嬉しい　*2 c'est ça その通りです　*3 environ だいたい　*4 gare 女 列車の駅

上の文章を参考にしながら，下の語彙も使って会話練習をしなさい.

A : Ça me fait plaisir que tu viennes visiter ______ *1 avec moi.

B : Moi aussi, je suis très content(e). Il faut que nous prenions le train de [d'] ______ *2 ?

A : Oui, c'est ça.

B : Nous allons mettre combien de temps ?

A : Le train arrivera à ______ *1 vers ______ *3.
On met donc environ ______ *4. En prenant un taxi à la gare, nous arriverons chez ______ *5 avant ______ *6.

Vocabulaire

*1	Lyon リヨン	Marseille マルセイユ	Toulouse トゥールーズ
	Dijon ディジョン	Lille リール	Strasbourg ストラスブール
*2	dix heures cinq 10時5分	onze heures dix 11時10分	
	midi quinze 12時15分	treize heures vingt 13時20分	
*3	midi 正午	treize heures 13時	quatorze heures 14時
	quinze heures 15時		
*4	une demi-heure 30分	une heure 1時間	une heure et demie 1時間半
	deux heures 2時間	quatre heures 4時間	cinq heures 5時間
*5	mon grand-père 祖父	ma grand-mère 祖母	mon oncle おじ
	ma tante おば		
*6	treize heures trente 13時30分	quatorze heures trente 14時30分	quinze heures trente 15時30分

Écoute

117 **1** 音声を聞いて，発音された動詞を下の選択肢から選び，（　）内に適切な接続法現在形に直して記入しなさい．

① Il est heureux que nous (　　　　　　　　　　) les vacances ensemble.

② Je ne crois pas qu'elle m'(　　　　　　　　　　).

③ Il faut que tu (　　　　　　　　　　) tes devoirs avant le dîner.

④ Elle est contente que nous (　　　　　　　　　　) chez elle ce soir.

⑤ Il faut que je (　　　　　　　　　　) chez moi à vingt heures.

aimer / dîner / passer / rentrer / terminer

118 **2** 音声を聞いて，発音された動詞を下の選択肢から選び，（　）内に適切なジェロンディフに直して記入しなさい．

① Il conduit (　　　　　　　　　　) la radio.

② (　　　　　　　　　　) bien, vous serez la première.

③ (　　　　　　　　　　) vite, tu pourras aller au cinéma avec tes amis.

écouter / rentrer / travailler

Civilisation : フランスの就活事情

日本では毎年のように就活状況が変わりますが，フランスの大学生はいったいどのような就職活動をしているのでしょうか．

日本と大きく異なる点は，活動の時期です．日本では概して3年生の後半から就職セミナー等が始まり4年生になって本格化するのにたいし，フランスでは卒業後に仕事を探し始めます．ですから就活期間の身分は，大変に不安定です．この理由としては，フランスの大学が入学は比較的易しいのに対し，卒業するのがとても難しく，卒業見込みの大学生に会社が安易に内定を出せないことが挙げられます．大学よりも狭き門となるグランゼコールという高度専門職向けの養成校に進学した若者は，卒業後に高官職に就くことが多いです．同じ大学とはいっても日本とフランスでは，状況はかなり異なります．

Bilan

8 課

1 下線部を適切な目的語人称代名詞に変えて，全文を書き換えなさい.

① Il cherche les clés.

→ ______

② Elle téléphone à Pierre.

→ ______

③ Je présente Christine à mes parents.

→ ______

2 (　) 内の不定詞を適切な現在形に活用させなさい.

① Tu (vouloir) du café après le dessert ? ______

② Nous (devoir) finir ce travail aujourd'hui. ______

③ Qu'est-ce que je (pouvoir) faire pour vous ? ______

3 (　) 内に適切な疑問形容詞を記入しなさい.

① Son père a (　　　　　　) âge ?

② Tu es en (　　　　　　) année à l'université ?

③ Le train arrive à (　　　　　　) heure ?

9 課

1 次の文を訳しなさい.

① Mon frère se lève à six heures et demie.

→ ______

② Il s'intéresse à la culture française.

→ ______

2 次の文を複合過去の文に書き換えなさい.

① Elle se réveille à sept heures.

→ ______

② Ils s'inquiètent pour vous.

→ ______

③ Elles se couchent vers minuit.

→ ______

10 課

1 次の文を，下線部を強調した強調構文にしなさい．

① Nous écoutons <u>une chanson française</u>.

→ ______________________________

② J'ai discuté <u>avec mon professeur</u>.

→ ______________________________

③ <u>Xavier</u> adore les films canadiens.

→ ______________________________

2 日本語に合うように，（ ）内に適切なフランス語を記入しなさい．

① ジュリアンは彼の兄と同じくらい歌が上手い．
Julien chante (   ) bien (   ) son frère.

② 母は私より背が低いです．
Ma mère est (   ) grande (   ) moi.

③ クラスの中で最も優秀なのは，ステファニーです．
C'est Stéphanie qui est (   ) (   )
(   ) la classe.

④ 家族の中で最も早く就寝するのは弟です．
C'est mon frère qui se couche (   ) (   )
tôt (   ) la famille.

⑤ 私たち皆の中で最も上手に日本語を話すのはアンヌです．
De nous tous, c'est Anne qui parle (   ) (   )
japonais.

11 課

1 （ ）内の不定詞を半過去形にしなさい．

① Sa fille (avoir) trois ans en 2015. ______________

② Nous (être) aux États-Unis l'été dernier. ______________

③ Les enfants (regarder) la télé. ______________

④ Je ne le (savoir) pas. ______________

2 下線部を適切な中性代名詞に変えて，全文を書き換えなさい．

① Je vais <u>au centre sportif</u> avec mes amis.

→ ______________________________

② Est-ce que vous savez <u>que Paul sera au Japon le mois prochain</u> ?

→

③ Tu manges <u>du poisson cru</u> ?

→

12 課

1 日本語に合うように，[ ] 内の単語を並べ替え，文頭は大文字にして，適切な文にしなさい．

① 13時30分です．[est / heures / il / treize / trente].

→

② 試験の準備をしなければいけません．[examens / faut / il / les / préparer].

→

③ 冷蔵庫の中にケーキがあるわよ．[a / dans / des / frigo / gâteaux / il / le / y].

→

2 ( ) 内の形容詞を適切な形にして，訳しなさい。

① La vie est (cher) à Paris.

→

② Je n'ai que son (ancien) adresse.

→

③ Ce sont de (nouveau) magasins.

→

13 課

1 ( ) 内に適切な関係代名詞を記入しなさい．

① Elle a une tante ( ) parle bien italien.

② Je lis le roman ( ) tu m'as recommandé.

③ Nous allons voir le film ( ) on parle beaucoup en ce moment.

2 ( ) 内の不定詞を適切な条件法現在形にして，訳しなさい．

① Je (vouloir) un café, s'il vous plaît.

→

② S'il ne travaillait pas aujourd'hui, il (aller) à la mer.

→

14 課

1 （　）内の不定詞を適切な接続法現在形にして，訳しなさい．

① Nous souhaitons que vous (passer) de bonnes vacances. ________

→ ________

② Je ne crois pas qu'elle (être) malade. ________

→ ________

③ Il faut que ma fille (avoir) du courage. ________

→ ________

2 下線部をジェロンディフを使った表現に直して，全体を１つの文に書き換えなさい．

① Mon grand-père prend son petit-déjeuner. <u>Il écoute la radio.</u>

→ ________

② <u>Si vous continuez dans cette rue</u>, vous arriverez devant l'église.

→ ________

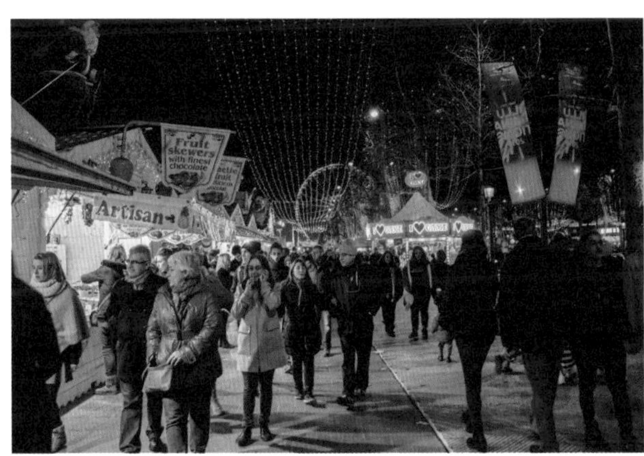

Civilisation : フランスの年末年始

フランスでは，クリスマス休暇は12月中旬頃から始まります．24日の夜には家族でミサに行き，帰宅してプレゼント交換をするのが慣わしです．24日のイヴと25日のクリスマスには，スモークサーモン，生牡蠣，フォアグラ，エスカルゴ，シャポン（雄鶏）など豪華な食事が振る舞われます．久しぶりに集まった家族と囲む賑やかで豪華な食卓では会話も弾み，前菜，メイン，デザートを経て食後のコーヒーまで辿り着くのに４～５時間かかるということもしばしばあります．こういった事情からクリスマス当日は多くのレストランが閉まってしまいますが，12月中はクリスマス特別メニューが用意されます．旅行者にとっても，フランス料理を堪能するにはもってこいの時期と言えるでしょう．

日本では，伝統的にお正月はおせちやお雑煮を囲んで家族で過ごしますが，フランスでは友人や知人と年明けを祝う人が多いです．と言っても，友人と過ごすのはおもに大晦日から元旦にかけてのカウントダウンが行われる夜半で，新しい年を迎えた瞬間に « Bonne année ! » と言って互いにハグをしながら，新年の挨拶を交わします．多くの職場では１月２日には休暇が明け，早くも日常生活が戻ってきます．冬期休暇の最終日である元旦は，終日自宅で翌日の準備をしながら過ごすのです．

Appendice

［基本 6 文型］

フランス語の文は，基本となる 6 つの文型に分類されます．基本となる主語と動詞以外に，動詞を修飾する副詞やそれに相当する語句（主に時間や場所）が入ることがあり，これらを状況補語といいます． 直接目的語は他動詞と直接結びつく目的語を指し，間接目的語は前置詞を介して他動詞と結びつく目的語を指します．また属詞とは，主語や直接目的語の性質・状態をあらわす語のことです．

＊(　) 内は状況補語.

① **主語＋動詞**
Catherine chante.　カトリーヌは歌う．

② **主語＋動詞＋属詞**
Nous sommes étudiants.　私たちは学生です．

③ **主語＋動詞＋直接目的語**
Il lit un journal (dans un fauteuil).　彼は（肘かけ椅子で）新聞を読んでいます．

④ **主語＋動詞＋間接目的語**
Je pense à toi.　きみのことを考えているよ．

⑤ **主語＋動詞＋直接目的語＋間接目的語**
Tu rends les livres à la bibliothèque (demain).
（明日）図書館に本を返すんだよ．

⑥ **主語＋動詞＋直接目的語＋属詞**
Ma mère laisse les fenêtres ouvertes.　母は窓を開けたままにしています．

［数字を使った表現］

Vous avez quel âge ? — J'ai dix-neuf ans.　何歳ですか？ー 19 歳です．
Vous êtes combien ? — Nous sommes quatre.　何名様ですか？ー 4 名です．
Tu mesures combien ? — Je mesure un mètre soixante-dix.　身長は？ー 1 m 70 cm です．
Nous sommes le combien ? — Nous sommes le 1er avril.　何日ですか？ー 4 月 1 日です．
Le 14 juillet est un jour férié en France.　フランスでは 7 月 14 日は祝日です．

［階数］

le deuxième sous-sol 男 地下 2 階
le sous-sol 地下 1 階
le rez-de-chaussée 男 1 階（地上階）
le premier étage 男 2 階
le deuxième étage 3 階
sur le toit 屋上で

［時刻の表現］

会話で用いられる表現と，列車の時刻表などに用いられる 24 時間表示とを使い分けます．

	会話で用いられる表現	正式な表現
午前 1 時です．	Il est une heure (du matin).	Il est une heure.
午前 3 時 5 分です．	Il est trois heures cinq.	
午前 7 時 15 分です．	Il est sept heures et quart (du matin).	Il est sept heures quinze.
午前 9 時 20 分です．	Il est neuf heures vingt.	
正午です．	Il est midi.	
午後 2 時 30 分です．	Il est deux heures et demie (de l'après-midi).	Il est quatorze heures trente.
午後 4 時 40 分です．	Il est cinq heures moins vingt (de l'après-midi).	Il est seize heures quarante.
午後 6 時 45 分です．	Il est sept heures moins le quart (du soir).	Il est dix-huit heures quarante-cinq.
午後 10 時 55 分です．	Il est onze heures moins cinq (du soir).	Il est vingt-deux heures cinquante-cinq.
午前零時です．	Il est minuit.	

［指示代名詞］

	男性	女性
単数	**celui**	**celle**
複数	**ceux**	**celles**

必要に応じて -ci, -là をつけます．ceux は「～する人（々）」という意味で，関係代名詞とともに用いられることもあります．

① Je n'aime pas cette ***couleur***, mais j'aime ***celle***-là.
私はこの色は好きではありません．でも，あちらの色は好きです．

② Vous prenez quel ***menu*** ? ***Celui***-ci ou ***celui***-là ?
あなたはどちらのコース料理を選びますか？ こちらですか，あちらですか？

③ ***Ceux*** qui connaissent l'anglais peuvent apprendre le français plus facilement.
英語を知っている人は，より簡単にフランス語を学ぶことができます．

指示代名詞には性数変化しないものもあります．**ce [c'] / ça / ceci / cela** などです．

① ***C***'est un livre intéressant. それは面白い本です．

② Mon frère fait ***ce*** qu'il veut. 弟はやりたいようにやっている．

③ ***C'est ça.*** その通りです.

④ Je te donne ***ceci.*** Je garde ***cela.*** こっちをきみにあげるよ. あっちはぼくが持ってるよ.

[所有代名詞]

	男性単数	女性単数	男性複数	女性複数
私のもの	**le mien**	**la mienne**	**les miens**	**les miennes**
きみのもの	**le tien**	**la tienne**	**les tiens**	**les tiennes**
彼(女)のもの	**le sien**	**la sienne**	**les siens**	**les siennes**
私たちのもの	**le nôtre**	**la nôtre**	**les nôtres**	
あなた(がた)のもの / きみたちのもの	**le vôtre**	**la vôtre**	**les vôtres**	
彼(女)たちのもの	**le leur**	**la leur**	**les leurs**	

所有代名詞は, すでに出てきた名詞と所有形容詞を合わせて 1 つにしたものです. 名詞なので, 定冠詞とともに用いられます. すでに出てきた名詞に合わせて性数変化をします.

① Mon père est plus âgé que ***le tien.*** ぼくの父は, きみのお父さんより年をとっている.

② Votre maison est deux fois plus grande que ***la mienne.***
あなたのお宅は, うちの 2 倍広いですね.

[疑問代名詞]

	男性	女性
単数	**lequel**	**laquelle**
複数	**lesquels**	**lesquelles**

疑問形容詞の前に定冠詞がついたものが, 疑問代名詞です. 性数変化をするので, 上記のように 4 つの形があります. 普通の疑問詞と違う点は, いくつかの選択肢の中からどれにするのか尋ねる場合に用いられる点です.

① 主語を尋ねる
Parmi ces livres, tu préfères ***lequel*** ? これらの本の中で, どれがより好きなの?

② 目的語を尋ねる
Parmi ces quatre robes, ***laquelle*** prendrez-vous ?
これら 4 着のドレスから, あなたはどれを選びますか?

［直説法大過去］

過去のある時点よりも前に行われていたことを述べるときなどに用いられるのが大過去です．形は **avoir / être** の半過去＋過去分詞（助動詞 être を使う場合には，過去分詞は性数一致する）となります．

① 過去に先立って行われていた行為など

Quand je suis rentré à la maison, mon fils ***était*** déjà ***parti***.

私が帰宅したときには，息子はすでに（家を）出ていました．

② 従属節の動詞を，主節に合わせて時制を一致させるとき

Léa m'a dit qu'elle ***avait terminé*** ses devoirs. レアは宿題を終えたと私に言いました．

(← Léa m'a dit : « J'ai terminé mes devoirs ».)

③ 過去の事実に反する条件法の文で

Si tu ***étais arrivé*** un peu plus tôt hier, on t'aurait offert une coupe de champagne.

もし昨日きみがもう少し早く到着していたら，シャンパン１杯が振る舞われたのに．

［直説法前未来］

未来のある時点では完了しているはずの行為や，過去の推測，断定を避けるときなどに用いられるのが前未来です．英語の未来完了と似ています．形は **avoir / être** の直説法単純未来＋過去分詞（助動詞 être を使う場合には，過去分詞は性数一致する）となります．

① 未来に完了しているはずの行為

Quand nous arriverons à la gare, le train ***sera*** déjà ***parti***.

私たちが駅に着く頃には，電車はすでに出発してしまっているでしょう．

② 過去の推測

Tu l'***auras voulu*** ! きみが望んだことでしょう（自業自得だね）！

［直説法単純過去］

客観的な視点に立って過去の出来事を述べる際に使われます．現在では書き言葉の中でのみ用いられます．

ordonner 命令する	
j'ordonn***ai***	nous ordonn***âmes***
tu ordonn***as***	vous ordonn***âtes***
il ordonn***a***	ils ordonn***èrent***

bâtir 建築する	
je bât***is***	nous bât***îmes***
tu bât***is***	vous bât***îtes***
il bât***it***	ils bât***irent***

naître 生まれる	
je naqu***is***	nous naqu***îmes***
tu naqu***is***	vous naqu***îtes***
il naqu***it***	ils naqu***irent***

mourir 死ぬ	
je mour***us***	nous mour***ûmes***
tu mour***us***	vous mour***ûtes***
il mour***ut***	ils mour***urent***

Napoléon ***ordonna*** le retrait des troupes d'occupation.
ナポレオンは占領部隊の退去を命じた．

On ***bâtit*** le pont du Gard à l'époque romaine.
古代ローマ時代にポン=デュ=ガール橋が建てられた．

Louis XIV ***naquit*** en 1638. ルイ 14 世は 1638 年に生まれた．

Marie Antoinette ***mourut*** à Paris en 1793.
マリー・アントワネットは 1793 年にパリで亡くなった．

［接続法半過去］

主節で ① 願望 ② 疑い ③ 命令 ④ 強い感情を表す動詞の過去形が用いられたときに，従属節の出来事が主節と同時の場合に，時制の一致で接続法半過去になります．現在では接続法現在で代用されます．

Je ne pensais pas qu'il ***appelât*** le directeur.
彼が課長に電話するとは思ってなかった．

［接続法大過去］

主節で ① 願望 ② 疑い ③ 命令 ④ 強い感情を表す動詞の過去形が用いられたときに，従属節の出来事が主節よりも前に起きた場合に，時制の一致で接続法大過去になります．現在では接続法過去で代用されます．形は **avoir / être の接続法半過去＋過去分詞**（助動詞 être を使う場合には，過去分詞は性数一致する）となります．

Je ne pensais pas qu'il ***eût appelé*** le directeur.
彼が課長に電話したとは思ってなかった．

［基本となる前置詞のおもな用法］

• à ①〜へ ②〜に ③〜で ④〜の入った ⑤〜のもの ⑥値段が〜かかる

① Tu vas ***à*** Paris cet été.
きみはこの夏パリ**へ**行くんだね.

② Ils habitent ***à*** Londres.
彼らはロンドン**に**住んでいます.

③ Elle va à la fac ***à*** pied.
彼女は徒歩**で**大学へ行きます.

④ Je prends une crêpe ***à*** la confiture.
私はジャム**入り**のクレープにします.

⑤ Ce dictionnaire est ***à*** Jean.
この辞書はジャン**の**（もの）です.

⑥ Cinq timbres ***à*** un euro, s'il vous plaît.
1ユーロ**の**切手を5枚，お願いします.

• de ①〜の ②〜から ③〜について

① Ce sont les chaussures ***de*** Pierre.
それはピエール**の**靴です.

② Elle rentre ***de*** l'école à seize heures.
彼女は16時に学校**から**帰宅します.

③ Ils discutent ***de*** politique.
彼らは政治**について**議論しています.

• en ①〜で ②〜に ③〜を使って

① Nous passons les vacances ***en*** Espagne cet été.
私たちはこの夏はスペイン**で**バカンスを過ごします.

② Elle était aux États-Unis ***en*** 2011 (deux mille onze).
彼女は2011年**に**はアメリカ合衆国にいました.

③ Mon fils va à l'école ***en*** bus.
息子はバス**で**（**を使って**）通学しています.

• dans ①〜の中で ②〜後に

① Paul se promène ***dans*** le jardin.
ポールは公園（**の中**）**で**散歩しています.

② Le train arrive à la gare de Lyon ***dans*** deux minutes.
電車は2分**後に**リヨン駅に到着します.

• **sur**　① ～の上に　② ～について

① Il y a un journal ***sur*** la table.
テーブル（**の上**）**に**新聞があるよ.

② J'ai des questions ***sur*** la politique française.
フランスの政治**について**質問があります.

• **sous**　～の下に

Mettez vos bagages ***sous*** le siège.
座席**の下に**かばんを置いてください.

• **devant**　～の前で

Catherine nous attend ***devant*** la gare.
カトリーヌが駅**の前で**私たちを待っています.

• **derrière**　～の後ろに

Vous trouverez le musée ***derrière*** ce bâtiment.
この建物の**後ろに**美術館が見えてきますよ.

• **pour**　① ～のために　② ～に向けて

① Je prépare le dîner ***pour*** mes enfants.
子どもたち**のために**夕飯を準備します.

② Elle part ***pour*** Paris.
彼女はパリ**に**（**向けて**）発ちます.

• **avec**　～と一緒に

Ma sœur va au cinéma ***avec*** ses amis.
姉は友だち**と**（**一緒に**）映画に行きます.

• **sans**　～無しに

Il pleut ***sans*** arrêt.
休むこと**無く**雨が降ります.

• **chez**　～の家で

Je me repose ***chez*** moi ce week-end.
今週末は,（私**の**）**家で**ゆっくりします.

• **entre**　～の間に

L'hôtel se trouve ***entre*** la poste et la bibliothèque.
ホテルは郵便局と図書館**の間に**あります.

• **depuis**　～以来

Mon oncle habite à Paris ***depuis*** 2000.
おじはパリに 2000 年**以来**住んでいます.

• **pendant** 〜の期間

Le restaurant est fermé ***pendant*** les vacances.
レストランはバカンス中（**の期間**）閉まっています．

• **jusqu'à** 〜まで

Il faut continuer ***jusqu'à*** demain.
明日**まで**続けないといけない．

• **après** 〜以降

Je ne travaille pas ***après*** 18 heures.
18時**以降**は働きません．

• **par** ① 〜の方から ② 〜を使って

① On peut entrer ***par*** là.
あちら**から**入れます．

② Puis-je payer ***par*** carte ?
カード**で**支払えますか？

［特殊な比較級・最上級］

比較の構文では，形容詞の bon 良い / 美味しい や副詞の bien 上手に / 良く は優等比較〔最上級〕で特殊な変化をします．しかし同等比較や劣等比較〔最上級〕では，形は変わりません．また最上級が用いられた文では，強調構文になることがよくあります．

bon

	より良い	同じくらい良い	〜ほどは良くない	最も良い	最も悪い
bon(ne)(s)	meilleur(e)(s)	aussi bon(ne)(s)	moins bon(ne)(s)	le [la / les] meilleur(e)(s)	le [la / les] moins bon(ne)(s)

Ce bistrot est ***bon.*** このビストロは美味しい．

Ce bistrot est ***meilleur*** que ce restaurant. このビストロはあのレストラン**より美味しい**．

Ce bistrot est ***aussi bon*** que ce restaurant. このビストロはあのレストランと**同じくらい美味しい**．

Ce bistrot est ***moins bon*** que ce restaurant. このビストロはあのレストラン**ほど美味しくない**．

Ce bistrot est ***le meilleur*** du quartier. このビストロはこの辺りで**最も美味しい**．

Ce bistrot est ***le moins bon*** du quartier. このビストロはこの辺りで**最もまずい**．

bien

	より上手に	同じくらい上手に	よりは下手に	最も上手に	最も下手に
bien	mieux	aussi bien	moins bien	le mieux	le moins bien

Il chante ***bien***. 彼は歌が**上手だ**.

Il chante ***mieux*** que sa sœur. 彼は歌が姉**より上手だ**.

Il chante ***aussi bien*** que sa sœur. 彼は歌が姉と**同じくらい上手だ**.

Il chante ***moins bien*** que sa sœur. 彼は歌が姉と**同じほどは上手ではない**.

C'est Ken qui chante ***le mieux*** de sa famille. 家族の中で**最も**歌が**上手な**のは健です.

C'est Ken qui chante ***le moins bien*** de sa famille. 家族の中で**最も**歌が**下手な**のは健です.

サ・マルシュ？
（改訂版）

関　末玲／小倉和子／石川文也／
Anthony do Nascimento（アントニー・ドナシメント） 著

＊改訂版の作成にあたり，
Nicolas Dassonville 氏のご協力を頂いた.

2024. 2. 1　改訂版 1 刷発行

発行者　上 野 名 保 子

発行所　〒101-0062 東京都千代田区神田駿河台 3 の 7
電 話　03（3291）1676　FAX 03（3291）1675
株式会社　駿河台出版社

製版・印刷・製本　（株）フォレスト
http://www.e-surugadai.com
ISBN978-4-411-01142-8 C1085

動 詞 活 用 表

◇活用表中，現在分詞と過去分詞はイタリック体，
また書体の違う活用は，とくに注意すること．

◇ **単純時称の作り方**

不定法	
—er	[e]
—ir	[ir]
—re	[r]
—oir	[war]

現在分詞	
—ant	[ɑ̃]

	直説法現在				接続法現在		直説法半過去	
je (j')	—e	[無音]	—s	[無音]	—e	[無音]	—ais	[ɛ]
tu	—es	[無音]	—s	[無音]	—es	[無音]	—ais	[ɛ]
il	—e	[無音]	—t	[無音]	—e	[無音]	—ait	[ɛ]
nous	—ons	[ɔ̃]			—ions	[jɔ̃]	—ions	[jɔ̃]
vous	—ez	[e]			—iez	[je]	—iez	[je]
ils	—ent	[無音]			—ent	[無音]	—aient	[ɛ]

	直説法単純未来		条件法現在	
je (j')	—rai	[re]	—rais	[rɛ]
tu	—ras	[rɑ]	—rais	[rɛ]
il	—ra	[ra]	—rait	[rɛ]
nous	—rons	[rɔ̃]	—rions	[rjɔ̃]
vous	—rez	[re]	—riez	[rje]
ils	—ront	[rɔ̃]	—raient	[rɛ]

	直説法単純過去					
je	—ai	[e]	—is	[i]	—us	[y]
tu	—as	[ɑ]	—is	[i]	—us	[y]
il	—a	[a]	—it	[i]	—ut	[y]
nous	—âmes	[am]	—îmes	[im]	—ûmes	[ym]
vous	—âtes	[at]	—îtes	[it]	—ûtes	[yt]
ils	—èrent	[ɛr]	—irent	[ir]	—urent	[yr]

過去分詞	—é [e], —i [i], —u [y], —s [無音], —t [無音]

①**直説法現在**の単数形は，第一群動詞では—e, —es, —e；他の動詞ではほとんど—s, —s, —t.

②直説法現在と接続法現在では，nous, vous の語幹が，他の人称の語幹と異なること（母音交替）がある.

③**命令法**は，直説法現在の tu, nous, vous をとった形.（ただし—es → e　vas → va)

④**接続法現在**は，多く直説法現在の３人称複数形から作られる. ils partent → je parte.

⑤**直説法半過去**と**現在分詞**は，直説法現在の１人称複数形から作られる.

⑥**直説法単純未来**と**条件法現在**は多く不定法から作られる. aimer → j'aimerai, finir → je finirai, rendre → je rendrai (-oir 型の語幹は不規則).

1. avoir	直説法		
	現在	半過去	単純過去
現在分詞	j' ai	j' avais	j' eus [y]
ayant	tu as	tu avais	tu eus
	il a	il avait	il eut
過去分詞	nous avons	nous avions	nous eûmes
eu [y]	vous avez	vous aviez	vous eûtes
	ils ont	ils avaient	ils eurent
命令法	複合過去	大過去	前過去
	j' ai eu	j' avais eu	j' eus eu
aie	tu as eu	tu avais eu	tu eus eu
	il a eu	il avait eu	il eut eu
ayons	nous avons eu	nous avions eu	nous eûmes eu
ayez	vous avez eu	vous aviez eu	vous eûtes eu
	ils ont eu	ils avaient eu	ils eurent eu

2. être	直説法		
	現在	半過去	単純過去
現在分詞	je suis	j' étais	je fus
étant	tu es	tu étais	tu fus
	il est	il était	il fut
過去分詞	nous sommes	nous étions	nous fûmes
été	vous êtes	vous étiez	vous fûtes
	ils sont	ils étaient	ils furent
命令法	複合過去	大過去	前過去
	j' ai été	j' avais été	j' eus été
sois	tu as été	tu avais été	tu eus été
	il a été	il avait été	il eut été
soyons	nous avons été	nous avions été	nous eûmes été
soyez	vous avez été	vous aviez été	vous eûtes été
	ils ont été	ils avaient été	ils eurent été

3. avoir aimé	直説法		
[複合時称]	複合過去	大過去	前過去
分詞複合形	j' ai aimé	j' avais aimé	j' eus aimé
ayant aimé	tu as aimé	tu avais aimé	tu eus aimé
	il a aimé	il avait aimé	il eut aimé
命令法	elle a aimé	elle avait aimé	elle eut aimé
aie aimé	nous avons aimé	nous avions aimé	nous eûmes aimé
	vous avez aimé	vous aviez aimé	vous eûtes aimé
ayons aimé	ils ont aimé	ils avaient aimé	ils eurent aimé
ayez aimé	elles ont aimé	elles avaient aimé	elles eurent aimé

4. être allé(e)(s)	直説法		
[複合時称]	複合過去	大過去	前過去
分詞複合形	je suis allé(e)	j' étais allé(e)	je fus allé(e)
étant allé(e)(s)	tu es allé(e)	tu étais allé(e)	tu fus allé(e)
	il est allé	il était allé	il fut allé
命令法	elle est allée	elle était allée	elle fut allée
sois allé(e)	nous sommes allé(e)s	nous étions allé(e)s	nous fûmes allé(e)s
	vous êtes allé(e)(s)	vous étiez allé(e)(s)	vous fûtes allé(e)(s)
soyons allé(e)s	ils sont allés	ils étaient allés	ils furent allés
soyez allé(e)(s)	elles sont allées	elles étaient allées	elles furent allées

	条件法	接続法	
単純未来	現在	現在	半過去
j' aurai	j' aurais	j' aie	j' eusse
tu auras	tu aurais	tu aies	tu eusses
il aura	il aurait	il ait	il eût
nous aurons	nous aurions	nous ayons	nous eussions
vous aurez	vous auriez	vous ayez	vous eussiez
ils auront	ils auraient	ils aient	ils eussent
前未来	過去	過去	大過去
j' aurai eu	j' aurais eu	j' aie eu	j' eusse eu
tu auras eu	tu aurais eu	tu aies eu	tu eusses eu
il aura eu	il aurait eu	il ait eu	il eût eu
nous aurons eu	nous aurions eu	nous ayons eu	nous eussions eu
vous aurez eu	vous auriez eu	vous ayez eu	vous eussiez eu
ils auront eu	ils auraient eu	ils aient eu	ils eussent eu

	条件法	接続法	
単純未来	現在	現在	半過去
je serai	je serais	je sois	je fusse
tu seras	tu serais	tu sois	tu fusses
il sera	il serait	il soit	il fût
nous serons	nous serions	nous soyons	nous fussions
vous serez	vous seriez	vous soyez	vous fussiez
ils seront	ils seraient	ils soient	ils fussent
前未来	過去	過去	大過去
j' aurai été	j' aurais été	j' aie été	j' eusse été
tu auras été	tu aurais été	tu aies été	tu eusses été
il aura été	il aurait été	il ait été	il eût été
nous aurons été	nous aurions été	nous ayons été	nous eussions été
vous aurez été	vous auriez été	vous ayez été	vous eussiez été
ils auront été	ils auraient été	ils aient été	ils eussent été

	条件法	接続法	
前未来	過去	過去	大過去
j' aurai aimé	j' aurais aimé	j' aie aimé	j' eusse aimé
tu auras aimé	tu aurais aimé	tu aies aimé	tu eusses aimé
il aura aimé	il aurait aimé	il ait aimé	il eût aimé
elle aura aimé	elle aurait aimé	elle ait aimé	elle eût aimé
nous aurons aimé	nous aurions aimé	nous ayons aimé	nous eussions aimé
vous aurez aimé	vous auriez aimé	vous ayez aimé	vous eussiez aimé
ils auront aimé	ils auraient aimé	ils aient aimé	ils eussent aimé
elles auront aimé	elles auraient aimé	elles aient aimé	elles eussent aimé

	条件法	接続法	
前未来	過去	過去	大過去
je serai allé(e)	je serais allé(e)	je sois allé(e)	je fusse allé(e)
tu seras allé(e)	tu serais allé(e)	tu sois allé(e)	tu fusse allé(e)
il sera allé	il serait allé	il soit allé	il fût allé
elle sera allée	elle serait allée	elle soit allée	elle fût allée
nous serons allé(e)s	nous serions allé(e)s	nous soyons allé(e)s	nous fussions allé(e)s
vous serez allé(e)(s)	vous seriez allé(e)(s)	vous soyez allé(e)(s)	vous fussiez allé(e)(s)
ils seront allés	ils seraient allés	ils soient allés	ils fussent allés
elles seront allées	elles seraient allées	elles soient allées	elles fussent allées

5. être aimé(e)(s)［受動態］

直説法		接続法
現在	複合過去	現在
je suis aimé(e)	j' ai été aimé(e)	je sois aimé(e)
tu es aimé(e)	tu as été aimé(e)	tu sois aimé(e)
il est aimé	il a été aimé	il soit aimé
elle est aimée	elle a été aimée	elle soit aimée
nous sommes aimé(e)s	nous avons été aimé(e)s	nous soyons aimé(e)s
vous êtes aimé(e)(s)	vous avez été aimé(e)(s)	vous soyez aimé(e)(s)
ils sont aimés	ils ont été aimés	ils soient aimés
elles sont aimées	elles ont été aimées	elles soient aimées
半過去	大過去	過去
j' étais aimé(e)	j' avais été aimé(e)	j' aie été aimé(e)
tu étais aimé(e)	tu avais été aimé(e)	tu aies été aimé(e)
il était aimé	il avait été aimé	il ait été aimé
elle était aimée	elle avait été aimée	elle ait été aimée
nous étions aimé(e)s	nous avions été aimé(e)s	nous ayons été aimé(e)s
vous étiez aimé(e)(s)	vous aviez été aimé(e)(s)	vous ayez été aimé(e)(s)
ils étaient aimés	ils avaient été aimés	ils aient été aimés
elles étaient aimées	elles avaient été aimées	elles aient été aimées
単純過去	前過去	半過去
je fus aimé(e)	j' eus été aimé(e)	je fusse aimé(e)
tu fus aimé(e)	tu eus été aimé(e)	tu fusses aimé(e)
il fut aimé	il eut été aimé	il fût aimé
elle fut aimée	elle eut été aimée	elle fût aimée
nous fûmes aimé(e)s	nous eûmes été aimé(e)s	nous fussions aimé(e)s
vous fûtes aimé(e)(s)	vous eûtes été aimé(e)(s)	vous fussiez aimé(e)(s)
ils furent aimés	ils eurent été aimés	ils fussent aimés
elles furent aimées	elles eurent été aimées	elles fussent aimées
単純未来	前未来	大過去
je serai aimé(e)	j' aurai été aimé(e)	j' eusse été aimé(e)
tu seras aimé(e)	tu auras été aimé(e)	tu eusses été aimé(e)
il sera aimé	il aura été aimé	il eût été aimé
elle sera aimée	elle aura été aimée	elle eût été aimée
nous serons aimé(e)s	nous aurons été aimé(e)s	nous eussions été aimé(e)s
vous serez aimé(e)(s)	vous aurez été aimé(e)(s)	vous eussiez été aimé(e)(s)
ils seront aimés	ils auront été aimés	ils eussent été aimés
elles seront aimées	elles auront été aimées	elles eussent été aimées
条件法		現在分詞
現在	過去	étant aimé(e)(s)
je serais aimé(e)	j' aurais été aimé(e)	
tu serais aimé(e)	tu aurais été aimé(e)	過去分詞
il serait aimé	il aurait été aimé	été aimé(e)(s)
elle serait aimée	elle aurait été aimée	
nous serions aimé(e)s	nous aurions été aimé(e)s	命令法
vous seriez aimé(e)(s)	vous auriez été aimé(e)(s)	sois aimé(e)s
ils seraient aimés	ils auraient été aimés	soyons aimé(e)s
elles seraient aimées	elles auraient été aimées	soyez aimé(e)(s)

6. se lever ［代名動詞］

直説法							接続法			
現在			複合過去				現在			
je	me	lève	je	me	suis	levé(e)	je	me	lève	
tu	te	lèves	tu	t’	es	levé(e)	tu	te	lèves	
il	se	lève	il	s’	est	levé	il	se	lève	
elle	se	lève	elle	s’	est	levée	elle	se	lève	
nous	nous	levons	nous	nous	sommes	levé(e)s	nous	nous	levions	
vous	vous	levez	vous	vous	êtes	levé(e)(s)	vous	vous	leviez	
ils	se	lèvent	ils	se	sont	levés	ils	se	lèvent	
elles	se	lèvent	elles	se	sont	levées	elles	se	lèvent	
半過去			大過去				過去			
je	me	levais	je	m’	étais	levé(e)	je	me	sois	levé(e)
tu	te	levais	tu	t’	étais	levé(e)	tu	te	sois	levé(e)
il	se	levait	il	s’	était	levé	il	se	soit	levé
elle	se	levait	elle	s’	était	levée	elle	se	soit	levée
nous	nous	levions	nous	nous	étions	levé(e)s	nous	nous	soyons	levé(e)s
vous	vous	leviez	vous	vous	étiez	levé(e)(s)	vous	vous	soyez	levé(e)(s)
ils	se	levaient	ils	s’	étaient	levés	ils	se	soient	levés
elles	se	levaient	elles	s’	étaient	levées	elles	se	soient	levées
単純過去			前過去				半過去			
je	me	levai	je	me	fus	levé(e)	je	me	levasse	
tu	te	levas	tu	te	fus	levé(e)	tu	te	levasses	
il	se	leva	il	se	fut	levé	il	se	levât	
elle	se	leva	elle	se	fut	levée	elle	se	levât	
nous	nous	levâmes	nous	nous	fûmes	levé(e)s	nous	nous	levassions	
vous	vous	levâtes	vous	vous	fûtes	levé(e)(s)	vous	vous	levassiez	
ils	se	levèrent	ils	se	furent	levés	ils	se	levassent	
elles	se	levèrent	elles	se	furent	levées	elles	se	levassent	
単純未来			前未来				大過去			
je	me	lèverai	je	me	serai	levé(e)	je	me	fusse	levé(e)
tu	te	lèveras	tu	te	seras	levé(e)	tu	te	fusses	levé(e)
il	se	lèvera	il	se	sera	levé	il	se	fût	levé
elle	se	lèvera	elle	se	sera	levée	elle	se	fût	levée
nous	nous	lèverons	nous	nous	serons	levé(e)s	nous	nous	fussions	levé(e)s
vous	vous	lèverez	vous	vous	serez	levé(e)(s)	vous	vous	fussiez	levé(e)(s)
ils	se	lèveront	ils	se	seront	levés	ils	se	fussent	levés
elles	se	lèveront	elles	se	seront	levées	elles	se	fussent	levées

条件法							現在分詞
現在			過去				se levant
je	me	lèverais	je	me	serais	levé(e)	
tu	te	lèverais	tu	te	serais	levé(e)	
il	se	lèverait	il	se	serait	levé	
elle	se	lèverait	elle	se	serait	levée	命令法
nous	nous	lèverions	nous	nous	serions	levé(e)s	
vous	vous	lèveriez	vous	vous	seriez	levé(e)(s)	lève-toi
ils	se	lèveraient	ils	se	seraient	levés	levons-nous
elles	se	lèveraient	elles	se	seraient	levées	levez-vous

◇ se が間接補語のとき過去分詞は性・数の変化をしない.

不定法 現在分詞 過去分詞	直説法 現在	 半過去	 単純過去	 単純未来
7. aimer *aimant* *aimé*	j' aime tu aimes il aime n. aimons v. aimez ils aiment	j' aimais tu aimais il aimait n. aimions v. aimiez ils aimaient	j' aimai tu aimas il aima n. aimâmes v. aimâtes ils aimèrent	j' aimerai tu aimeras il aimera n. aimerons v. aimerez ils aimeront
8. commencer *commençant* *commencé*	je commence tu commences il commence n. commençons v. commencez ils commencent	je commençais tu commençais il commençait n. commencions v. commenciez ils commençaient	je commençai tu commenças il commença n. commençâmes v. commençâtes ils commencèrent	je commencerai tu commenceras il commencera n. commencerons v. commencerez ils commenceront
9. manger *mangeant* *mangé*	je mange tu manges il mange n. mangeons v. mangez ils mangent	je mangeais tu mangeais il mangeait n. mangions v. mangiez ils mangeaient	je mangeai tu mangeas il mangea n. mangeâmes v. mangeâtes ils mangèrent	je mangerai tu mangeras il mangera n. mangerons v. mangerez ils mangeront
10. acheter *achetant* *acheté*	j' achète tu achètes il achète n. achetons v. achetez ils achètent	j' achetais tu achetais il achetait n. achetions v. achetiez ils achetaient	j' achetai tu achetas il acheta n. achetâmes v. achetâtes ils achetèrent	j' achèterai tu achèteras il achètera n. achèterons v. achèterez ils achèteront
11. appeler *appelant* *appelé*	j' appelle tu appelles il appelle n. appelons v. appelez ils appellent	j' appelais tu appelais il appelait n. appelions v. appeliez ils appelaient	j' appelai tu appelas il appela n. appelâmes v. appelâtes ils appelèrent	j' appellerai tu appelleras il appellera n. appellerons v. appellerez ils appelleront
12. préférer *préférant* *préféré*	je préfère tu préfères il préfère n. préférons v. préférez ils préfèrent	je préférais tu préférais il préférait n. préférions v. préfériez ils préféraient	je préférai tu préféras il préféra n. préférâmes v. préférâtes ils préférèrent	je préférerai tu préféreras il préférera n. préférerons v. préférerez ils préféreront
13. employer *employant* *employé*	j' emploie tu emploies il emploie n. employons v. employez ils emploient	j' employais tu employais il employait n. employions v. employiez ils employaient	j' employai tu employas il employa n. employâmes v. employâtes ils employèrent	j' emploierai tu emploieras il emploiera n. emploierons v. emploierez ils emploieront

条件法	接続法		命令法	同型
現在	現在	半過去		
j' aimerais tu aimerais il aimerait n. aimerions v. aimeriez ils aimeraient	j' aime tu aimes il aime n. aimions v. aimiez ils aiment	j' aimasse tu aimasses il aimât n. aimassions v. aimassiez ils aimassent	 aime aimons aimez 	注 語尾 -er の動詞（除：aller, envoyer）を**第一群規則動詞**ともいう.
je commencerais tu commencerais il commencerait n. commencerions v. commenceriez ils commenceraient	je commence tu commences il commence n. commencions v. commenciez ils commencent	je commençasse tu commençasses il commençât n. commençassions v. commençassiez ils commençassent	 commence commençons commencez 	**avancer** **effacer** **forcer** **lancer** **placer** **prononcer** **remplacer** **renoncer**
je mangerais tu mangerais il mangerait n. mangerions v. mangeriez ils mangeraient	je mange tu manges il mange n. mangions v. mangiez ils mangent	je mangeasse tu mangeasses il mangeât n. mangeassions v. mangeassiez ils mangeassent	 mange mangeons mangez 	**arranger** **changer** **charger** **déranger** **engager** **manger** **obliger** **voyager**
j' achèterais tu achèterais il achèterait n. achèterions v. achèteriez ils achèteraient	j' achète tu achètes il achète n. achetions v. achetiez ils achètent	j' achetasse tu achetasses il achetât n. achetassions v. achetassiez ils achetassent	 achète achetons achetez 	**achever** **amener** **enlever** **lever** **mener** **peser** **(se) promener**
j' appellerais tu appellerais il appellerait n. appellerions v. appelleriez ils appelleraient	j' appelle tu appelles il appelle n. appelions v. appeliez ils appellent	j' appelasse tu appelasses il appelât n. appelassions v. appelassiez ils appelassent	 appelle appelons appelez 	**jeter** **rappeler** **rejeter** **renouveler**
je préférerais tu préférerais il préférerait n. préférerions v. préféreriez ils préféreraient	je préfère tu préfères il préfère n. préférions v. préfériez ils préfèrent	je préférasse tu préférasses il préférât n. préférassions v. préférassiez ils préférassent	 préfère préférons préférez 	**considérer** **désespérer** **espérer** **inquiéter** **pénétrer** **posséder** **répéter** **sécher**
j' emploierais tu emploierais il emploierait n. emploierions v. emploieriez ils emploieraient	j' emploie tu emploies il emploie n. employions v. employiez ils emploient	j' employasse tu employasses il employât n. employassions v. employassiez ils employassent	 emploie employons employez 	**-oyer**（除：**envoyer**） **-uyer** **appuyer** **ennuyer** **essuyer** **nettoyer**

不　定　法 現在分詞 過去分詞	直　説　法			
	現　在	半 過 去	単純過去	単純未来
14. payer *payant* *payé*	je paye (paie) tu payes (paies) il paye (paie) n. payons v. payez ils payent (paient)	je payais tu payais il payait n. payions v. payiez ils payaient	je payai tu payas il paya n. payâmes v. payâtes ils payèrent	je payerai (paierai) tu payeras (*etc.* . . .) il payera n. payerons v. payerez ils payeront
15. envoyer *envoyant* *envoyé*	j' envoie tu envoies il envoie n. envoyons v. envoyez ils envoient	j' envoyais tu envoyais il envoyait n. envoyions v. envoyiez ils envoyaient	j' envoyai tu envoyas il envoya n. envoyâmes v. envoyâtes ils envoyèrent	j' **enverrai** tu **enverras** il **enverra** n. **enverrons** v. **enverrez** ils **enverront**
16. aller *allant* *allé*	je **vais** tu **vas** il **va** n. allons v. allez ils **vont**	j' allais tu allais il allait n. allions v. alliez ils allaient	j' allai tu allas il alla n. allâmes v. allâtes ils allèrent	j' **irai** tu **iras** il **ira** n. **irons** v. **irez** ils **iront**
17. finir *finissant* *fini*	je finis tu finis il finit n. finissons v. finissez ils finissent	je finissais tu finissais il finissait n. finissions v. finissiez ils finissaient	je finis tu finis il finit n. finîmes v. finîtes ils finirent	je finirai tu finiras il finira n. finirons v. finirez ils finiront
18. partir *partant* *parti*	je pars tu pars il part n. partons v. partez ils partent	je partais tu partais il partait n. partions v. partiez ils partaient	je partis tu partis il partit n. partîmes v. partîtes ils partirent	je partirai tu partiras il partira n. partirons v. partirez ils partiront
19. sentir *sentant* *senti*	je sens tu sens il sent n. sentons v. sentez ils sentent	je sentais tu sentais il sentait n. sentions v. sentiez ils sentaient	je sentis tu sentis il sentit n. sentîmes v. sentîtes ils sentirent	je sentirai tu sentiras il sentira n. sentirons v. sentirez ils sentiront
20. tenir *tenant* *tenu*	je tiens tu tiens il tient n. tenons v. tenez ils tiennent	je tenais tu tenais il tenait n. tenions v. teniez ils tenaient	je tins tu tins il tint n. tînmes v. tîntes ils tinrent	je **tiendrai** tu **tiendras** il **tiendra** n. **tiendrons** v. **tiendrez** ils **tiendront**

条件法	接続法		命令法	同型
現在	現在	半過去		
je payerais (paierais)	je paye (paie)	je payasse		[発音] je paye [ʒəpɛj], je paie [ʒəpɛ]; je payerai [ʒəpɛjre], je paierai [ʒəpɛre].
tu payerais (*etc*. . .)	tu payes (paies)	tu payasses	paie (paye)	
il payerait	il paye (paie)	il payât		
n. payerions	n. payions	n. payassions	payons	
v. payeriez	v. payiez	v. payassiez	payez	
ils payeraient	ils payent (paient)	ils payassent		
j' enverrais	j' envoie	j' envoyasse		注未来，条・現を除いては，**13** と同じ． **renvoyer**
tu enverrais	tu envoies	tu envoyasses	envoie	
il enverrait	il envoie	il envoyât		
n. enverrions	n. envoyions	n. envoyassions	envoyons	
v. enverriez	v. envoyiez	v. envoyassiez	envoyez	
ils enverraient	ils envoient	ils envoyassent		
j' irais	j' **aille**	j' allasse		注yがつくとき命令法・現在はvas：vas-y. 直・現・3人称複数にontの語尾をもつものは他にont(avoir), sont(être), font(faire)のみ.
tu irais	tu **ailles**	tu allasses	**va**	
il irait	il **aille**	il allât		
n. irions	n. allions	n. allassions	allons	
v. iriez	v. alliez	v. allassiez	allez	
ils iraient	ils **aillent**	ils allassent		
je finirais	je finisse	je finisse		注finir 型の動詞を第2群規則動詞という．
tu finirais	tu finisses	tu finisses	finis	
il finirait	il finisse	il finît		
n. finirions	n. finissions	n. finissions	finissons	
v. finiriez	v. finissiez	v. finissiez	finissez	
ils finiraient	ils finissent	ils finissent		
je partirais	je parte	je partisse		注助動詞は être. **sortir**
tu partirais	tu partes	tu partisses	pars	
il partirait	il parte	il partît		
n. partirions	n. partions	n. partissions	partons	
v. partiriez	v. partiez	v. partissiez	partez	
ils partiraient	ils partent	ils partissent		
je sentirais	je sente	je sentisse		注**18**と助動詞を除けば同型.
tu sentirais	tu sentes	tu sentisses	sens	
il sentirait	il sente	il sentît		
n. sentirions	n. sentions	n. sentissions	sentons	
v. sentiriez	v. sentiez	v. sentissiez	sentez	
ils sentiraient	ils sentent	ils sentissent		
je tiendrais	je tienne	je tinsse		注**venir 21** と同型，ただし，助動詞は avoir.
tu tiendrais	tu tiennes	tu tinsses	tiens	
il tiendrait	il tienne	il tînt		
n. tiendrions	n. tenions	n. tinssions	tenons	
v. tiendriez	v. teniez	v. tinssiez	tenez	
ils tiendraient	ils tiennent	ils tinssent		

不定法 現在分詞 過去分詞	直説法 現在	半過去	単純過去	単純未来
21. venir	je viens	je venais	je vins	je **viendrai**
	tu viens	tu venais	tu vins	tu **viendras**
venant	il vient	il venait	il vint	il **viendra**
venu	n. venons	n. venions	n. vînmes	n. **viendrons**
	v. venez	v. veniez	v. vîntes	v. **viendrez**
	ils viennent	ils venaient	ils vinrent	ils **viendront**
22. accueillir	j' **accueille**	j' accueillais	j' accueillis	j' **accueillerai**
	tu **accueilles**	tu accueillais	tu accueillis	tu **accueilleras**
accueillant	il **accueille**	il accueillait	il accueillit	il **accueillera**
accueilli	n. accueillons	n. accueillions	n. accueillîmes	n. **accueillerons**
	v. accueillez	v. accueilliez	v. accueillîtes	v. **accueillerez**
	ils accueillent	ils accueillaient	ils accueillirent	ils **accueilleront**
23. ouvrir	j' **ouvre**	j' ouvrais	j' ouvris	j' ouvrirai
	tu **ouvres**	tu ouvrais	tu ouvris	tu ouvriras
ouvrant	il **ouvre**	il ouvrait	il ouvrit	il ouvrira
ouvert	n. ouvrons	n. ouvrions	n. ouvrîmes	n. ouvrirons
	v. ouvrez	v. ouvriez	v. ouvrîtes	v. ouvrirez
	ils ouvrent	ils ouvraient	ils ouvrirent	ils ouvriront
24. courir	je cours	je courais	je courus	je **courrai**
	tu cours	tu courais	tu courus	tu **courras**
courant	il court	il courait	il courut	il **courra**
couru	n. courons	n. courions	n. courûmes	n. **courrons**
	v. courez	v. couriez	v. courûtes	v. **courrez**
	ils courent	ils couraient	ils coururent	ils **courront**
25. mourir	je meurs	je mourais	je mourus	je **mourrai**
	tu meurs	tu mourais	tu mourus	tu **mourras**
mourant	il meurt	il mourait	il mourut	il **mourra**
mort	n. mourons	n. mourions	n. mourûmes	n. **mourrons**
	v. mourez	v. mouriez	v. mourûtes	v. **mourrez**
	ils meurent	ils mouraient	ils moururent	ils **mourront**
26. acquérir	j' acquiers	j' acquérais	j' acquis	j' **acquerrai**
	tu acquiers	tu acquérais	tu acquis	tu **acquerras**
acquérant	il acquiert	il acquérait	il acquit	il **acquerra**
acquis	n. acquérons	n. acquérions	n. acquîmes	n. **acquerrons**
	v. acquérez	v. acquériez	v. acquîtes	v. **acquerrez**
	ils acquièrent	ils acquéraient	ils acquirent	ils **acquerront**
27. fuir	je fuis	je fuyais	je fuis	je fuirai
	tu fuis	tu fuyais	tu fuis	tu fuiras
fuyant	il fuit	il fuyait	il fuit	il fuira
fui	n. fuyons	n. fuyions	n. fuîmes	n. fuirons
	v. fuyez	v. fuyiez	v. fuîtes	v. fuirez
	ils fuient	ils fuyaient	ils fuirent	ils fuiront

条件法	接続法		命令法	同型
現在	現在	半過去		
je viendrais	je vienne	je vinsse		注 助動詞は être.
tu viendrais	tu viennes	tu vinsses	viens	**devenir**
il viendrait	il vienne	il vînt		**intervenir**
n. viendrions	n. venions	n. vinssions	venons	**prévenir**
v. viendriez	v. veniez	v. vinssiez	venez	**revenir**
ils viendraient	ils viennent	ils vinssent		**(se) souvenir**
j' accueillerais	j' accueille	j' accueillisse		**cueillir**
tu accueillerais	tu accueilles	tu accueillisses	**accueille**	
il accueillerait	il accueille	il accueillît		
n. accueillerions	n. accueillions	n. accueillissions	accueillons	
v. accueilleriez	v. accueilliez	v. accueillissiez	accueillez	
ils accueilleraient	ils accueillent	ils accueillissent		
j' ouvrirais	j' ouvre	j' ouvrisse		**couvrir**
tu ouvrirais	tu ouvres	tu ouvrisses	**ouvre**	**découvrir**
il ouvrirait	il ouvre	il ouvrît		**offrir**
n. ouvririons	n. ouvrions	n. ouvrissions	ouvrons	**souffrir**
v. ouvririez	v. ouvriez	v. ouvrissiez	ouvrez	
ils ouvriraient	ils ouvrent	ils ouvrissent		
je courrais	je coure	je courusse		**accourir**
tu courrais	tu coures	tu courusses	cours	
il courrait	il coure	il courût		
n. courrions	n. courions	n. courussions	courons	
v. courriez	v. couriez	v. courussiez	courez	
ils courraient	ils courent	ils courussent		
je mourrais	je meure	je mourusse		注 助動詞は être.
tu mourrais	tu meures	tu mourusses	meurs	
il mourrait	il meure	il mourût		
n. mourrions	n. mourions	n. mourussions	mourons	
v. mourriez	v. mouriez	v. mourussiez	mourez	
ils mourraient	ils meurent	ils mourussent		
j' acquerrais	j' acquière	j' acquisse		**conquérir**
tu acquerrais	tu acquières	tu acquisses	acquiers	
il acquerrait	il acquière	il acquît		
n. acquerrions	n. acquérions	n. acquissions	acquérons	
v. acquerriez	v. acquériez	v. acquissiez	acquérez	
ils acquerraient	ils acquièrent	ils acquissent		
je fuirais	je fuie	je fuisse		**s'enfuir**
tu fuirais	tu fuies	tu fuisses	fuis	
il fuirait	il fuie	il fuît		
n. fuirions	n. fuyions	n. fuissions	fuyons	
v. fuiriez	v. fuyiez	v. fuissiez	fuyez	
ils fuiraient	ils fuient	ils fuissent		

不定法 現在分詞 過去分詞	直説法			
	現在	半過去	単純過去	単純未来
28. rendre	je rends	je rendais	je rendis	je rendrai
	tu rends	tu rendais	tu rendis	tu rendras
rendant	il **rend**	il rendait	il rendit	il rendra
rendu	n. rendons	n. rendions	n. rendîmes	n. rendrons
	v. rendez	v. rendiez	v. rendîtes	v. rendrez
	ils rendent	ils rendaient	ils rendirent	ils rendront
29. prendre	je prends	je prenais	je pris	je prendrai
	tu prends	tu prenais	tu pris	tu prendras
prenant	il **prend**	il prenait	il prit	il prendra
pris	n. prenons	n. prenions	n. prîmes	n. prendrons
	v. prenez	v. preniez	v. prîtes	v. prendrez
	ils prennent	ils prenaient	ils prirent	ils prendront
30. craindre	je crains	je craignais	je craignis	je craindrai
	tu crains	tu craignais	tu craignis	tu craindras
craignant	il craint	il craignait	il craignit	il craindra
craint	n. craignons	n. craignions	n. craignîmes	n. craindrons
	v. craignez	v. craigniez	v. craignîtes	v. craindrez
	ils craignent	ils craignaient	ils craignirent	ils craindront
31. faire	je fais	je faisais	je fis	je **ferai**
	tu fais	tu faisais	tu fis	tu **feras**
faisant	il fait	il faisait	il fit	il **fera**
fait	n. faisons	n. faisions	n. fîmes	n. **ferons**
	v. **faites**	v. faisiez	v. fîtes	v. **ferez**
	ils **font**	ils faisaient	ils firent	ils **feront**
32. dire	je dis	je disais	je dis	je dirai
	tu dis	tu disais	tu dis	tu diras
disant	il dit	il disait	il dit	il dira
dit	n. disons	n. disions	n. dîmes	n. dirons
	v. **dites**	v. disiez	v. dîtes	v. direz
	ils disent	ils disaient	ils dirent	ils diront
33. lire	je lis	je lisais	je lus	je lirai
	tu lis	tu lisais	tu lus	tu liras
lisant	il lit	il lisait	il lut	il lira
lu	n. lisons	n. lisions	n. lûmes	n. lirons
	v. lisez	v. lisiez	v. lûtes	v. lirez
	ils lisent	ils lisaient	ils lurent	ils liront
34. suffire	je suffis	je suffisais	je suffis	je suffirai
	tu suffis	tu suffisais	tu suffis	tu suffiras
suffisant	il suffit	il suffisait	il suffit	il suffira
suffi	n. suffisons	n. suffisions	n. suffîmes	n. suffirons
	v. suffisez	v. suffisiez	v. suffîtes	v. suffirez
	ils suffisent	ils suffisaient	ils suffirent	ils suffiront

条件法	接続法		命令法	同型
現在	現在	半過去		
je rendrais tu rendrais il rendrait n. rendrions v. rendriez ils rendraient	je rende tu rendes il rende n. rendions v. rendiez ils rendent	je rendisse tu rendisses il rendît n. rendissions v. rendissiez ils rendissent	rends rendons rendez	**attendre** **descendre** **entendre** **pendre** **perdre** **répandre** **répondre** **vendre**
je prendrais tu prendrais il prendrait n. prendrions v. prendriez ils prendraient	je prenne tu prennes il prenne n. prenions v. preniez ils prennent	je prisse tu prisses il prît n. prissions v. prissiez ils prissent	prends prenons prenez	**apprendre** **comprendre** **entreprendre** **reprendre** **surprendre**
je craindrais tu craindrais il craindrait n. craindrions v. craindriez ils craindraient	je craigne tu craignes il craigne n. craignions v. craigniez ils craignent	je craignisse tu craignisses il craignît n. craignissions v. craignissiez ils craignissent	crains craignons craignez	**atteindre** **éteindre** **joindre** **peindre** **plaindre**
je ferais tu ferais il ferait n. ferions v. feriez ils feraient	je **fasse** tu **fasses** il **fasse** n. **fassions** v. **fassiez** ils **fassent**	je fisse tu fisses il fît n. fissions v. fissiez ils fissent	fais faisons **faites**	**défaire** **refaire** **satisfaire** 注 fais-[f(ə)z-]
je dirais tu dirais il dirait n. dirions v. diriez ils diraient	je dise tu dises il dise n. disions v. disiez ils disent	je disse tu disses il dît n. dissions v. dissiez ils dissent	dis disons **dites**	**redire**
je lirais tu lirais il lirait n. lirions v. liriez ils liraient	je lise tu lises il lise n. lisions v. lisiez ils lisent	je lusse tu lusses il lût n. lussions v. lussiez ils lussent	lis lisons lisez	**relire** **élire**
je suffirais tu suffirais il suffirait n. suffirions v. suffiriez ils suffiraient	je suffise tu suffises il suffise n. suffisions v. suffisiez ils suffisent	je suffisse tu suffisses il suffît n. suffissions v. suffissiez ils suffissent	suffis suffisons suffisez	

不定法 現在分詞 過去分詞	直説法			
	現在	半過去	単純過去	単純未来
35. conduire	je conduis	je conduisais	je conduisis	je conduirai
	tu conduis	tu conduisais	tu conduisis	tu conduiras
conduisant	il conduit	il conduisait	il conduisit	il conduira
conduit	n. conduisons	n. conduisions	n. conduisîmes	n. conduirons
	v. conduisez	v. conduisiez	v. conduisîtes	v. conduirez
	ils conduisent	ils conduisaient	ils conduisirent	ils conduiront
36. plaire	je plais	je plaisais	je plus	je plairai
	tu plais	tu plaisais	tu plus	tu plairas
plaisant	il **plaît**	il plaisait	il plut	il plaira
plu	n. plaisons	n. plaisions	n. plûmes	n. plairons
	v. plaisez	v. plaisiez	v. plûtes	v. plairez
	ils plaisent	ils plaisaient	ils plurent	ils plairont
37. coudre	je couds	je cousais	je cousis	je coudrai
	tu couds	tu cousais	tu cousis	tu coudras
cousant	il coud	il cousait	il cousit	il coudra
cousu	n. cousons	n. cousions	n. cousîmes	n. coudrons
	v. cousez	v. cousiez	v. cousîtes	v. coudrez
	ils cousent	ils cousaient	ils cousirent	ils coudront
38. suivre	je suis	je suivais	je suivis	je suivrai
	tu suis	tu suivais	tu suivis	tu suivras
suivant	il suit	il suivait	il suivit	il suivra
suivi	n. suivons	n. suivions	n. suivîmes	n. suivrons
	v. suivez	v. suiviez	v. suivîtes	v. suivrez
	ils suivent	ils suivaient	ils suivirent	ils suivront
39. vivre	je vis	je vivais	je vécus	je vivrai
	tu vis	tu vivais	tu vécus	tu vivras
vivant	il vit	il vivait	il vécut	il vivra
vécu	n. vivons	n. vivions	n. vécûmes	n. vivrons
	v. vivez	v. viviez	v. vécûtes	v. vivrez
	ils vivent	ils vivaient	ils vécurent	ils vivront
40. écrire	j' écris	j' écrivais	j' écrivis	j' écrirai
	tu écris	tu écrivais	tu écrivis	tu écriras
écrivant	il écrit	il écrivait	il écrivit	il écrira
écrit	n. écrivons	n. écrivions	n. écrivîmes	n. écrirons
	v. écrivez	v. écriviez	v. écrivîtes	v. écrirez
	ils écrivent	ils écrivaient	ils écrivirent	ils écriront
41. boire	je bois	je buvais	je bus	je boirai
	tu bois	tu buvais	tu bus	tu boiras
buvant	il boit	il buvait	il but	il boira
bu	n. buvons	n. buvions	n. bûmes	n. boirons
	v. buvez	v. buviez	v. bûtes	v. boirez
	ils boivent	ils buvaient	ils burent	ils boiront

条件法	接続法		命令法	同型
現在	現在	半過去		
je conduirais tu conduirais il conduirait n. conduirions v. conduiriez ils conduiraient	je conduise tu conduises il conduise n. conduisions v. conduisiez ils conduisent	je conduisisse tu conduisisses il conduisît n. conduisissions v. conduisissiez ils conduisissent	 conduis conduisons conduisez	**construire** **cuire** **détruire** **instruire** **introduire** **produire** **traduire**
je plairais tu plairais il plairait n. plairions v. plairiez ils plairaient	je plaise tu plaises il plaise n. plaisions v. plaisiez ils plaisent	je plusse tu plusses il plût n. plussions v. plussiez ils plussent	 plais plaisons plaisez	**déplaire** **(se) taire** （ただし il se tait）
je coudrais tu coudrais il coudrait n. coudrions v. coudriez ils coudraient	je couse tu couses il couse n. cousions v. cousiez ils cousent	je cousisse tu cousisses il cousît n. cousissions v. cousissiez ils cousissent	 couds cousons cousez	
je suivrais tu suivrais il suivrait n. suivrions v. suivriez ils suivraient	je suive tu suives il suive n. suivions v. suiviez ils suivent	je suivisse tu suivisses il suivît n. suivissions v. suivissiez ils suivissent	 suis suivons suivez	**poursuivre**
je vivrais tu vivrais il vivrait n. vivrions v. vivriez ils vivraient	je vive tu vives il vive n. vivions v. viviez ils vivent	je vécusse tu vécusses il vécût n. vécussions v. vécussiez ils vécussent	 vis vivons vivez	
j' écrirais tu écrirais il écrirait n. écririons v. écririez ils écriraient	j' écrive tu écrives il écrive n. écrivions v. écriviez ils écrivent	j' écrivisse tu écrivisses il écrivît n. écrivissions v. écrivissiez ils écrivissent	 écris écrivons écrivez	**décrire** **inscrire**
je boirais tu boirais il boirait n. boirions v. boiriez ils boiraient	je boive tu boives il boive n. buvions v. buviez ils boivent	je busse tu busses il bût n. bussions v. bussiez ils bussent	 bois buvons buvez	

不　定　法 現在分詞 過去分詞	直　説　法			
	現　　在	半過去	単純過去	単純未来
42. résoudre *résolvant* *résolu*	je résous tu résous il résout n. résolvons v. résolvez ils résolvent	je résolvais tu résolvais il résolvait n. résolvions v. résolviez ils résolvaient	je résolus tu résolus il résolut n. résolûmes v. résolûtes ils résolurent	je résoudrai tu résoudras il résoudra n. résoudrons v. résoudrez ils résoudront
43. connaître *connaissant* *connu*	je connais tu connais il **connaît** n. connaissons v. connaissez ils connaissent	je connaissais tu connaissais il connaissait n. connaissions v. connaissiez ils connaissaient	je connus tu connus il connut n. connûmes v. connûtes ils connurent	je connaîtrai tu connaîtras il connaîtra n. connaîtrons v. connaîtrez ils connaîtront
44. naître *naissant* *né*	je nais tu nais il **naît** n. naissons v. naissez ils naissent	je naissais tu naissais il naissait n. naissions v. naissiez ils naissaient	je naquis tu naquis il naquit n. naquîmes v. naquîtes ils naquirent	je naîtrai tu naîtras il naîtra n. naîtrons v. naîtrez ils naîtront
45. croire *croyant* *cru*	je crois tu crois il croit n. croyons v. croyez ils croient	je croyais tu croyais il croyait n. croyions v. croyiez ils croyaient	je crus tu crus il crut n. crûmes v. crûtes ils crurent	je croirai tu croiras il croira n. croirons v. croirez ils croiront
46. battre *battant* *battu*	je bats tu bats il **bat** n. battons v. battez ils battent	je battais tu battais il battait n. battions v. battiez ils battaient	je battis tu battis il battit n. battîmes v. battîtes ils battirent	je battrai tu battras il battra n. battrons v. battrez ils battront
47. mettre *mettant* *mis*	je mets tu mets il **met** n. mettons v. mettez ils mettent	je mettais tu mettais il mettait n. mettions v. mettiez ils mettaient	je mis tu mis il mit n. mîmes v. mîtes ils mirent	je mettrai tu mettras il mettra n. mettrons v. mettrez ils mettront
48. rire *riant* *ri*	je ris tu ris il rit n. rions v. riez ils rient	je riais tu riais il riait n. riions v. riiez ils riaient	je ris tu ris il rit n. rîmes v. rîtes ils rirent	je rirai tu riras il rira n. rirons v. rirez ils riront

条件法	接続法		命令法	同型
現在	現在	半過去		
je résoudrais	je résolve	je résolusse		
tu résoudrais	tu résolves	tu résolusses	résous	
il résoudrait	il résolve	il résolût		
n. résoudrions	n. résolvions	n. résolussions	résolvons	
v. résoudriez	v. résolviez	v. résolussiez	résolvez	
ils résoudraient	ils résolvent	ils résolussent		
je connaîtrais	je connaisse	je connusse		注tの前にくるとき
tu connaîtrais	tu connaisses	tu connusses	connais	i→î.
il connaîtrait	il connaisse	il connût		**apparaître**
n. connaîtrions	n. connaissions	n. connussions	connaissons	**disparaître**
v. connaîtriez	v. connaissiez	v. connussiez	connaissez	**paraître**
ils connaîtraient	ils connaissent	ils connussent		**reconnaître**
je naîtrais	je naisse	je naquisse		注tの前にくるとき
tu naîtrais	tu naisses	tu naquisses	nais	i→î.
il naîtrait	il naisse	il naquît		助動詞はêtre.
n. naîtrions	n. naissions	n. naquissions	naissons	
v. naîtriez	v. naissiez	v. naquissiez	naissez	
ils naîtraient	ils naissent	ils naquissent		
je croirais	je croie	je crusse		
tu croirais	tu croies	tu crusses	crois	
il croirait	il croie	il crût		
n. croirions	n. croyions	n. crussions	croyons	
v. croiriez	v. croyiez	v. crussiez	croyez	
ils croiraient	ils croient	ils crussent		
je battrais	je batte	je battisse		**abattre**
tu battrais	tu battes	tu battisses	bats	**combattre**
il battrait	il batte	il battît		
n. battrions	n. battions	n. battissions	battons	
v. battriez	v. battiez	v. battissiez	battez	
ils battraient	ils battent	ils battissent		
je mettrais	je mette	je misse		**admettre**
tu mettrais	tu mettes	tu misses	mets	**commettre**
il mettrait	il mette	il mît		**permettre**
n. mettrions	n. mettions	n. missions	mettons	**promettre**
v. mettriez	v. mettiez	v. missiez	mettez	**remettre**
ils mettraient	ils mettent	ils missent		
je rirais	je rie	je risse		**sourire**
tu rirais	tu ries	tu risses	ris	
il rirait	il rie	il rît		
n. ririons	n. riions	n. rissions	rions	
v. ririez	v. riiez	v. rissiez	riez	
ils riraient	ils rient	ils rissent		

不定法 現在分詞 過去分詞	直説法			
	現在	半過去	単純過去	単純未来
49. conclure *concluant* *conclu*	je conclus tu conclus il conclut n. concluons v. concluez ils concluent	je concluais tu concluais il concluait n. concluions v. concluiez ils concluaient	je conclus tu conclus il conclut n. conclûmes v. conclûtes ils conclurent	je conclurai tu concluras il conclura n. conclurons v. conclurez ils concluront
50. rompre *rompant* *rompu*	je romps tu romps il rompt n. rompons v. rompez ils rompent	je rompais tu rompais il rompait n. rompions v. rompiez ils rompaient	je rompis tu rompis il rompit n. rompîmes v. rompîtes ils rompirent	je romprai tu rompras il rompra n. romprons v. romprez ils rompront
51. vaincre *vainquant* *vaincu*	je vaincs tu vaincs il **vainc** n. vainquons v. vainquez ils vainquent	je vainquais tu vainquais il vainquait n. vainquions v. vainquiez ils vainquaient	je vainquis tu vainquis il vainquit n. vainquîmes v. vainquîtes ils vainquirent	je vaincrai tu vaincras il vaincra n. vaincrons v. vaincrez ils vaincront
52. recevoir *recevant* *reçu*	je reçois tu reçois il reçoit n. recevons v. recevez ils reçoivent	je recevais tu recevais il recevait n. recevions v. receviez ils recevaient	je reçus tu reçus il reçut n. reçûmes v. reçûtes ils reçurent	je **recevrai** tu **recevras** il **recevra** n. **recevrons** v. **recevrez** ils **recevront**
53. devoir *devant* *dû* (due, dus, dues)	je dois tu dois il doit n. devons v. devez ils doivent	je devais tu devais il devait n. devions v. deviez ils devaient	je dus tu dus il dut n. dûmes v. dûtes ils durent	je **devrai** tu **devras** il **devra** n. **devrons** v. **devrez** ils **devront**
54. pouvoir *pouvant* *pu*	je **peux (puis)** tu **peux** il peut n. pouvons v. pouvez ils peuvent	je pouvais tu pouvais il pouvait n. pouvions v. pouviez ils pouvaient	je pus tu pus il put n. pûmes v. pûtes ils purent	je **pourrai** tu **pourras** il **pourra** n. **pourrons** v. **pourrez** ils **pourront**
55. émouvoir *émouvant* *ému*	j' émeus tu émeus il émeut n. émouvons v. émouvez ils émeuvent	j' émouvais tu émouvais il émouvait n. émouvions v. émouviez ils émouvaient	j' émus tu émus il émut n. émûmes v. émûtes ils émurent	j' **émouvrai** tu **émouvras** il **émouvra** n. **émouvrons** v. **émouvrez** ils **émouvront**

条件法	接続法		命令法	同型
現在	現在	半過去		
je conclurais	je conclue	je conclusse		
tu conclurais	tu conclues	tu conclusses	conclus	
il conclurait	il conclue	il conclût		
n. conclurions	n. concluions	n. conclussions	concluons	
v. concluriez	v. concluiez	v. conclussiez	concluez	
ils concluraient	ils concluent	ils conclussent		
je romprais	je rompe	je rompisse		**interrompre**
tu romprais	tu rompes	tu rompisses	romps	
il romprait	il rompe	il rompît		
n. romprions	n. rompions	n. rompissions	rompons	
v. rompriez	v. rompiez	v. rompissiez	rompez	
ils rompraient	ils rompent	ils rompissent		
je vaincrais	je vainque	je vainquisse		**convaincre**
tu vaincrais	tu vainques	tu vainquisses	vaincs	
il vaincrait	il vainque	il vainquît		
n. vaincrions	n. vainquions	n. vainquissions	vainquons	
v. vaincriez	v. vainquiez	v. vainquissiez	vainquez	
ils vaincraient	ils vainquent	ils vainquissent		
je recevrais	je reçoive	je reçusse		**apercevoir**
tu recevrais	tu reçoives	tu reçusses	reçois	**concevoir**
il recevrait	il reçoive	il reçût		
n. recevrions	n. recevions	n. reçussions	recevons	
v. recevriez	v. receviez	v. reçussiez	recevez	
ils recevraient	ils reçoivent	ils reçussent		
je devrais	je doive	je dusse		注命令法はほとんど
tu devrais	tu doives	tu dusses	dois	用いられない.
il devrait	il doive	il dût		
n. devrions	n. devions	n. dussions	devons	
v. devriez	v. deviez	v. dussiez	devez	
ils devraient	ils doivent	ils dussent		
je pourrais	je **puisse**	je pusse		注命令法はない.
tu pourrais	tu **puisses**	tu pusses		
il pourrait	il **puisse**	il pût		
n. pourrions	n. **puissions**	n. pussions		
v. pourriez	v. **puissiez**	v. pussiez		
ils pourraient	ils **puissent**	ils pussent		
j' émouvrais	j' émeuve	j' émusse		**mouvoir**
tu émouvrais	tu émeuves	tu émusses	émeus	ただし過去分詞は
il émouvrait	il émeuve	il émût		mû
n. émouvrions	n. émouvions	n. émussions	émouvons	(mue, mus, mues)
v. émouvriez	v. émouviez	v. émussiez	émouvez	
ils émouvraient	ils émeuvent	ils émussent		

不　定　法 現在分詞 過去分詞	直　説　法			
	現　　在	半 過 去	単純過去	単純未来
56. savoir *sachant* *su*	je sais tu sais il sait n. savons v. savez ils savent	je savais tu savais il savait n. savions v. saviez ils savaient	je sus tu sus il sut n. sûmes v. sûtes ils surent	je **saurai** tu **sauras** il **saura** n. **saurons** v. **saurez** ils **sauront**
57. voir *voyant* *vu*	je vois tu vois il voit n. voyons v. voyez ils voient	je voyais tu voyais il voyait n. voyions v. voyiez ils voyaient	je vis tu vis il vit n. vîmes v. vîtes ils virent	je **verrai** tu **verras** il **verra** n. **verrons** v. **verrez** ils **verront**
58. vouloir *voulant* *voulu*	je **veux** tu **veux** il veut n. voulons v. voulez ils veulent	je voulais tu voulais il voulait n. voulions v. vouliez ils voulaient	je voulus tu voulus il voulut n. voulûmes v. voulûtes ils voulurent	je **voudrai** tu **voudras** il **voudra** n. **voudrons** v. **voudrez** ils **voudront**
59. valoir *valant* *valu*	je **vaux** tu **vaux** il vaut n. valons v. valez ils valent	je valais tu valais il valait n. valions v. valiez ils valaient	je valus tu valus il valut n. valûmes v. valûtes ils valurent	je **vaudrai** tu **vaudras** il **vaudra** n. **vaudrons** v. **vaudrez** ils **vaudront**
60. s'asseoir *s'asseyant*(1) *assis*	je m'assieds(1) tu t'assieds il **s'assied** n. n. asseyons v. v. asseyez ils s'asseyent	je m'asseyais(1) tu t'asseyais il s'asseyait n. n. asseyions v. v. asseyiez ils s'asseyaient	je m'assis tu t'assis il s'assit n. n. assîmes v. v. assîtes ils s'assirent	je m'**assiérai**(1) tu t'**assiéras** il s'**assiéra** n. n. **assiérons** v. v. **assiérez** ils s'**assiéront**
s'assoyant(2)	je m'assois(2) tu t'assois il s'assoit n. n. assoyons v. v. assoyez ils s'assoient	je m'assoyais(2) tu t'assoyais il s'assoyait n. n. assoyions v. v. assoyiez ils s'assoyaient		je m'**assoirai**(2) tu t'**assoiras** il s'**assoira** n. n. **assoirons** v. v. **assoirez** ils s'**assoiront**
61. pleuvoir *pleuvant* *plu*	il pleut	il pleuvait	il plut	il **pleuvra**
62. falloir *fallu*	il faut	il fallait	il fallut	il **faudra**

条件法	接続法		命令法	同型
現在	現在	半過去		
je saurais tu saurais il saurait n. saurions v. sauriez ils sauraient	je **sache** tu **saches** il **sache** n. **sachions** v. **sachiez** ils **sachent**	je susse tu susses il sût n. sussions v. sussiez ils sussent	**sache** **sachons** **sachez**	
je verrais tu verrais il verrait n. verrions v. verriez ils verraient	je voie tu voies il voie n. voyions v. voyiez ils voient	je visse tu visses il vît n. vissions v. vissiez ils vissent	vois voyons voyez	**revoir**
je voudrais tu voudrais il voudrait n. voudrions v. voudriez ils voudraient	je **veuille** tu **veuilles** il **veuille** n. voulions v. vouliez ils **veuillent**	je voulusse tu voulusses il voulût n. voulussions v. voulussiez ils voulussent	**veuille** **veuillons** **veuillez**	
je vaudrais tu vaudrais il vaudrait n. vaudrions v. vaudriez ils vaudraient	je **vaille** tu **vailles** il **vaille** n. valions v. valiez ils **vaillent**	je valusse tu valusses il valût n. valussions v. valussiez ils valussent		注 命令法はほとんど用いられない.
je m'assiérais(1) tu t'assiérais il s'assiérait n. n. assiérions v. v. assiériez ils s'assiéraient	je m'asseye(1) tu t'asseyes il s'asseye n. n. asseyions v. v. asseyiez ils s'asseyent	j' m'assisse tu t'assisses il s'assît n. n. assissions v. v. assissiez ils s'assissent	assieds-toi(1) asseyons-nous asseyez-vous	注 時称により2種の活用があるが, (1)は古来の活用で, (2)は俗語調である. (1)の方が多く使われる.
je m'assoirais(2) tu t'assoirais il s'assoirait n. n. assoirions v. v. assoiriez ils s'assoiraient	je m'assoie(2) tu t'assoies il s'assoie n. n. assoyions v. v. assoyiez ils s'assoient		assois-toi(2) assoyons-nous assoyez-vous	
il pleuvrait	il pleuve	il plût		注 命令法はない.
il faudrait	il **faille**	il fallût		注 命令法・現在分詞はない.

NUMÉRAUX（数詞）

	CARDINAUX（基数）	ORDINAUX（序数）
1	**un, une**	**premier（première）**
2	deux	deuxième, second（e）
3	trois	troisième
4	quatre	quatrième
5	cinq	cinquième
6	six	sixième
7	sept	septième
8	huit	huitième
9	neuf	neuvième
10	**dix**	**dixième**
11	onze	onzième
12	douze	douzième
13	treize	treizième
14	quatorze	quatorzième
15	quinze	quinzième
16	seize	seizième
17	dix-sept	dix-septième
18	dix-huit	dix-huitième
19	dix-neuf	dix-neuvième
20	**vingt**	**vingtième**
21	vingt et un	vingt et unième
22	vingt-deux	vingt-deuxième
23	vingt-trois	vingt-troisième
30	**trente**	**trentième**
31	trente et un	trente et unième
32	trente-deux	trente-deuxième
40	**quarante**	**quarantième**
41	quarante et un	quarante et unième
42	quarante-deux	quarante-deuxième
50	**cinquante**	**cinquantième**
51	cinquante et un	cinquante et unième
52	cinquante-deux	cinquante-deuxième
60	**soixante**	**soixantième**
61	soixante et un	soixante et unième
62	soixante-deux	soixante-deuxième
70	**soixante-dix**	**soixante-dixième**
71	soixante et onze	soixante et onzième
72	soixante-douze	soixante-douzième
80	**quatre-vingts**	**quatre-vingtième**
81	quatre-vingt-un	quatre-vingt-unième
82	quatre-vingt-deux	quatre-vingt-deuxième

	CARDINAUX	ORDINAUX
90	**quatre-vingt-dix**	**quatre-vingt-dixième**
91	quatre-vingt-onze	quatre-vingt-onzième
92	quatre-vingt-douze	quatre-vingt-douzième
100	**cent**	**centième**
101	cent un	cent（et）unième
102	cent deux	cent deuxième
110	cent dix	cent dixième
120	cent vingt	cent vingtième
130	cent trente	cent trentième
140	cent quarante	cent quarantième
150	cent cinquante	cent cinquantième
160	cent soixante	cent soixantième
170	cent soixante-dix	cent soixante-dixième
180	cent quatre-vingts	cent quatre-vingtième
190	cent quatre-vingt-dix	cent quatre-vingt-dixième
200	**deux cents**	**deux centième**
201	deux cent un	deux cent unième
202	deux cent deux	deux cent deuxième
300	**trois cents**	**trois centième**
301	trois cent un	trois cent unième
302	trois cent deux	trois cent deuxième
400	**quatre cents**	**quatre centième**
401	quatre cent un	quatre cent unième
402	quatre cent deux	quatre cent deuxième
500	**cinq cents**	**cinq centième**
501	cinq cent un	cinq cent unième
502	cinq cent deux	cinq cent deuxième
600	**six cents**	**six centième**
601	six cent un	six cent unième
602	six cent deux	six cent deuxième
700	**sept cents**	**sept centième**
701	sept cent un	sept cent unième
702	sept cent deux	sept cent deuxième
800	**huit cents**	**huit centième**
801	huit cent un	huit cent unième
802	huit cent deux	huit cent deuxième
900	**neuf cents**	**neuf centième**
901	neuf cent un	neuf cent unième
902	neuf cent deux	neuf cent deuxième
1000	**mille**	**millième**

1 000 000 | **un million** | **millionième** || 1 000 000 000 | **un milliard** | **milliardième**